災害に負けない家を造ろう

構造リフォームのすすめ

保坂貴司

論創社

新築するか、リフォームがいいのか

本書を書くことに至ったのは、最近、「新築するべきなのか、リフォームが可能なのか」という相談を多く受けるようになってきたからです。

建築の世界に入って既に50年近くの歳月が経ちます。その間で得た体験を少しでもお伝えできたら、そのご相談に役立つのではないかと思ったのです。

私は、特に既存建物の調査を約６００件程行ってきました。その経験から既存建物の調査方法を私なりに築きあげてきましたが、その経験をベースに私なりの考えを書いてゆきたいと思います。それが本書を目にした方の参考になれば、幸いに思います。

今までの経験から木造住宅は、修理しながら使ってゆくものと考えています。勿論、新築を否定するものではありませんが、新築したからといって、問題が解決する訳ではありません。調査もせずに、また問題点を検討することなく、新築をして同じ過ちを繰り返しているケースを見かけます。それは、リフォームでも同じことが言える訳です。

内外装・設備のリフォームを行い、「何が問題なのか」の調査もせずに、いきなり工事に入るという無謀なやり方からまず改めていただきたいものです。

たとえば、人間でいえば、手術をするのに検査もせずに行うでしょうか。

建物でも同じです。私は、構造調査をまずおすすめしています。構造調査は耐震診断とは異なり、耐震性の調査のみならず、地盤・劣化・耐震性能・鉛直荷重・湿度・室温など構造はもとより、仕上げ、設備など総合的な観点から調べます。

よく調査費用を無駄に思われる人もいますが、それは建築というものを知らないからです。調査は、まず「家の問題点」から調べます。それは無駄な、或いは誤ったリフォームではなく、効果的なリフォームにする為、即ち無駄な費用を使わないために行うものです。リフォームの成否は調査にかかっているといっても過言ではありません。

よく新築するから関係ないと言われる方がいますが、今まで住んできて何が問題であったか、せっかくのデータも調べずに新築をし、同じ過ちを繰り返すという残念な結果をみることがあります。

新築するにしろリフォームをするにしろ、地形・地盤・環境を把握することが成功の鍵といえます。

筆者がまず一番伝えたいことは、木造住宅はほとんどのケースにおいてリフォームが可能だということです。

したがって、構造調査を行い〝構造リフォーム〟を行っていただきたいと思います。構造調査を無視したリフォーム、腐った土台の上にリフォームするようなことにならないことを望みます。30～40年間は建て替えというよりは、リフォームの時と位置づけてほしいと思います。

本書では、この問題を多方面から検証してゆきたいと思います。震災地の被害事例、既存建物の問題点、構造調査方法について、そして構造リフォームの事例を見ていただきたいと思います。

今まで木造住宅の耐震診断は、設計事務所や一般業者により行なわれてきました。診断方法は日本建築防災協会の「一般診断法」によります。

この中には、一般の方が行なうために作成された耐震診断問診表というものがあります。それ以前は「わが家の耐震診断表」が使われてきました。

しかし、ここで今回本書が目的としているのは、設計士や業者の方が行なう耐震診断ではなく、〝あなた自身でやってみる「わが家の耐震性」〟です。

現在、行政も補助金などを支給して木造住宅の耐震診断を行なっていますが、決してうまくいっているとは言えません。

理由は、第一に設計者・業者の知識不足があり、第二に耐震診断が無料でできるから行うというような、ユーザーの安易な考えによる認識不足です。それは危機意識の欠落に他なりません。地震国である日本においては、最近１００年以内に死者１００名を越す地震が13回、７年に一度発生しています。従って防災対策を進めてゆく上では、既存木造住宅の耐震性の向上は欠かすことはできません。

今までは既存の不適格の木造住宅というと、昭和56年以前に建てられたものに限られてきましたが、より一層の防災を図るためには、昭和56年以後の木造住宅、また違反のある既存木造住宅へと広げる必要があります。何故ならば、木造住宅の50％以上は何らかの違反があるからです。そうした違反のある木造住宅に耐震性・防火上などの問題がある建物が多いからです。そのため、防災化を進めるためには耐震性のチェックは避けて通る事はできないのです。官民が一体となって取り組みをしなければならないのではないでしょうか。

現在、日本は地震の活動期に入っています。Ｍ6.9程度の地震は日本のどこで起こってもおかしくないと言われる程、緊迫しています。

このような状況を考えると、まずあなた自身が「ご自分の家の耐震性」を調べ、安心して住むことができる住居であるか、認識していただきたいのです。
そのための一助になればと作成させていただきました。

二〇二〇年八月

保坂 貴司

◆目次◆

第三章 構造調査……53

第四章 構造リフォームと補強事例……95

第五章 補足資料

第一章
地震被害の事例から学ぶ

震災地を歩いた最初の印象は、築年数が古くメンテナンスのあまり行われていないと思われる劣化の激しい建物、地盤に問題がある建物、構造上に無理のある建物などに被害が多く見られたことです。

新築は、地震に強い家を造るには効果的な解決方法です。しかし、新築したから安全だという訳ではありません。掲載している写真の中にも出てきますが、新築はしたが、建て替えをしなければならないような大きな被害を受けてしまった例もあります。新築においてもリフォームの場合にも、きちんと地盤を調査し、構造上の検討を行って設計をしなければならないことには何ら変わりはありません。

五章の補足資料に記してありますが、地盤は1種、2種、3種に分けられます。そして、第3種の場合には、地盤が悪いため壁量を1.5倍にしなければなりません。

そのため、新築、耐震診断においても、正確に地盤調査をしなければ、そもそもの計算根拠が変わってくることになります。現在一般に行われているようなスウェーデン式サウンディング試験だけでは地盤状況の判断は難しいといえます。したがって、地盤に詳しい専門家の判断が必要です。

震災地に行きいつも思うことは、地震時の木造住宅の被害は地盤に依る所が大きいことです。したがって、どのように地盤を判断するかが木造住宅の耐震性のカギともいえます。第3種地盤とは、深度が30m以上の軟弱な地盤、または年経過していない、深さ3m以上の盛土地盤のことですが、では軟弱層が25m或いは、盛土が2.5mの場合には地盤の検討は必要ないのでしょうか。状況に応じた判断が必要です。

数値による評価だけでなく、現場調査をしっかり行って決めるべきです。これがいつも震災地に行って感じることです。勿論、それ以外にも色々な被害形態がありますが、第一章では被災地の事例を参考に見ていただきたいと思います。

日本は、4枚のプレートが日本列島の下にあります。このプレートは、年に5㎝～10㎝程のスピードで日本列島の下にもぐり込んでいます。これが日本の地震の根源になります。

また、日本列島は周辺が海に囲まれていることから、海洋型の地震では、津波が多く発生し、繰り返し津波の被害を受けてきました。

このような海洋型の地震はおよそ100年～200年の間隔で繰り返しています。

今、首都圏で注意を喚起されているのが、首都圏直下の活断層による地震（M7.3）と東海地震（M8.0）です。

現在は既に、臨界状態にあると言われますが、地殻の動きだけにそれが1ヶ月後か5年先なのかは、残念ながら今の科学では分からないようです。

しかし、東海地震は震源域内の地下の十数か所に地震計を設置し、24時間体制で観測していることから、地震発生時には速やかに警報が鳴るものと思います。

阪神淡路大震災以後、注目されるようになったのが直下地震です。直下地震は、日本の陸地内で生じますが、一般的な直下地震は、プレートの圧力により歪みを生じた断層により引き起こされる地震ですから、海洋型の地震よりマグニチュードは小さい地震です。

しかし明治24年の濃尾地震のように、マグニチュード8.0という巨大地震も直下地震として起きています。

しかし、一般的に内陸で起こる直下地震は、活断層という過去100万年間に地震を起こしたことのある断層で起こることが多いようです。

いちばん活発な活断層をA級活断層といいます。断層のズレが年間1㎜以上のずれを生じる活断層で、およそ1000年に一度くらい地震を起こします。地震規模は、海洋型の地震から比べると小規模なものが多いのですが、マグニチュード7.0程度の地震は、年に1回程度は日本のどこかで起きています。

このように地震は、繰り返します。したがって、日本では地震はたまたまではなく、宿命的といえますから、日常からの備えが必要になります。

震災被害を受けた建物にはそれなりの問題が考えられます。したがって、震災事例から被害の原因が何であったかを学んでいくことにより、新築時、或いはリフォーム時に耐震補強を行うことにより、木造住宅の耐震性能の向上を図ることが可能です。「震災地の被害から学ぶ」これが第一章の目的です。

1　地盤に問題があった建物被害

一つの例として、リフォーム途中の建物で、もう少しで工事が終わる段階の時になって、地震被害を受けてしまった建物がありました。川沿いということもあり、地盤が滑る被害も受けてしまいました。左側の写真から、地盤が滑った様子が分かります〔写真1－1、2〕。何故このような河川敷の建物でありながら、また改修工事をしているにもかかわらず、基礎の補強をしなかったのでしょうか。独立基礎では、基礎と建物の一体化が図れません。基礎（独立基礎）にしてしまったのでしょうか。

写真〔1－3〕は、土留の崩壊です。土留が崩壊してしまえば、写真のように建物が転倒してしまうのです。建築基準法では、土留の高さが2m未満の場合には、構造計算が省略できます。

しかし、それは構造の検討をしなくてもよいということではありません。設計・施工者の責任において安全性の確認をしなくてはなりません。

写真１－１　川沿い沿いの建物

写真１－２　新潟県中越沖地震

写真１－３　新潟県中越地震

2 耐震改修を欠いた大規模リフォーム

この家の近所の人の話では、築100年ぐらいの建物だそうです。最初外観から見た時は、新しい建物の被害に思われましたが、1階床下の基礎部分を見ると、どう見ても基準法以前（昭和25年）の基礎です。外観から見える部分は新しく屋根・サッシュ・雨樋・外装も直されています。恐らく2000万円程度の費用がかけられたと思われますが、結果は1階部分の総崩壊となってしまいました。工事費の1割でも補強工事に使われていたらと思うと残念でなりません。

写真1－4　新潟県中越沖地震

3 正面に壁の無い建物

見ての通り、商店街での写真です。

上の写真は、通し柱も折れ大きく右に傾いています。恐らく自立は不可能と思われます。右の家に寄りかかっており、そのため右側の家も右に傾いてしまっています。

下の写真の家も屋根部分を見ると、衝突した跡が見られます。地震の災害ではこのように一軒の被害が一軒では終わらず、ドミノ式に隣家に被害が及んでいます。

写真１－５　能登半島沖地震

写真１－６　能登半島沖地震

4 柱脚に劣化のある建物被害

どこの震災地に行っても多く見られるのが、柱脚部の劣化による被害です。

特にコーナー部分では、顕著に見られます。この写真〔1－7～12〕は、能登半島沖地震の時の写真です。

写真１－７

写真１－８

写真１－９

写真１－10

写真１－11

写真１－12

5 劣化の著しい建物被害

木造住宅にはメンテナンスが必要となります。木造住宅の耐用年数は決して30年ではありませんが、30年程度経過すると雨漏りや浴室などを初めとして木部などの腐朽被害が生じることがあります。そのため築30年はメンテナンスをしなければならない時期であると、言えるのです。

劣化をそのままにしておくと、写真〔１－13～16〕のような被害を受けることになります。

写真１－13　新潟県中越沖地震。
雨漏れにより腐朽とともに、蟻害も見られます。
隅柱は中間部分が無くなってしまっています。

写真１－15

写真１－14

写真１－16　能登半島沖地震。
雨漏りや結露などにより生じたものと思われますが、木部の劣化が進み地震により仕上げ材が剥離してしまいました。腐朽と蟻害が見られます。

6　接合部の不備による被害

正面に壁が無く接合部（桁の仕口）に羽子板金物も見当たりません。そのため桁の仕口が大きく開いてしまった結果、建物の残留変形が大きく残ってしまいました。

能登半島沖地震では、このように横架材の仕口部に羽子板金物が見当たらず、代わりに20㎝の釘（既製釘は15㎝まで）が使用されている木造建物がみられましたが、釘が抜け、写真のような状況になってしまいました。もしこの接合部に羽子板金物が使用されていたら、結果は違っていたと思います。

写真１－17　能登半島沖地震

写真１－18　能登半島沖地震

7 液状化による被害

この写真は新築してまだ1年半程の建物です。新潟県中越地震で以前の家が大きく被害を受け、建て直したそうです。

そして3年後、新潟県中越沖地震で液状化現象により、建物が不同沈下を生じ大きな被害を受けてしまいました〔写真１－19〕。また建て直しをするそうです。

写真〔１－20〕は、ベタ基礎の下に手を入れ写真を撮ったものです。鋼管杭が浮き上がっているのが見られます。この地域は10ｍの砂層です。地盤の調査不足による結果と言えます。新築したから問題が解決する訳ではないことのよい例です。

写真１－19

写真１－20

写真〔1－21〕は配管がねじれています。このような様子からも地盤の動きが分かると思います。この写真を見ても、地盤調査の重要性がお分かりいただけると思います。

この建物も液状化現象により、不同沈下した建物です。1階屋根（下屋）と2階の接続部分を見ると、下屋の接合部分が沈んでいるのが分かると思います〔写真1－22〕。外観から見た様子からも内部の様子を想像して下さい。

玄関部分の写真〔1－23〕で、大きく変形しているのが分かると思いますが、玄関脇の1階部分も引っ張られるように下がっています。

写真1－21

写真1－22

写真1－23

8 不完全な耐震改修

耐震補強をしたのに、被害にあってしまったという建物ですが、補強内容は構造用合板を一部貼り、金物（山形プレート）を一部に取り付けた形跡もありますが、構造用合板の施工方法においても受材、釘の打ち方にも問題があったように思います〔写真１－24〕。写真で見て分かるように、写真〔１－25〕は柱の柄も折れ、30cm程度ずれてしまい、横架材（桁）も継手部で折れています。

また写真〔１－26〕を見ても外壁に構造用合板を貼った様子もなく、柱に金物接合も見当たりません。

また土台が割裂し、柱が脱落してしまっています〔写真１－27〕。

これでは、耐震補強をしたとはいっても中途半端で、被害を受けてもやむを得ないように思います。正しい補強方法が必要です。

写真１－24

写真１－25

写真１－26

写真１－27

9 被災した建物の仮補強

ここでは、被災後の仮補強について考えてみたいと思います。

本来は、被災した建物もできるだけ修繕して使ってほしいと思いますが、そのためには仮補強が重要になります。仮補強をする目的は、補強工事を行うまでにこれ以上の建物変形の進行を防ぐことにあります。

また仮補強後、変形を常に計測しなければなりません。従って、変形が進んでいないかのチェックができるようにすることも重要です。

写真〔1－28〕では、仮筋かいも薄く、引張り筋かいの役割しかありません。このような仮筋かいの場合は端部の接合〔写真1－29〕に依存することになります。

写真１－28

写真１－29

この仮筋かいの端部の接合方法は、N75の釘を３本ですが、これでは強度が足りず、建物の変形による重量（約２００～２５０kg程度）を抑えることはできません。

次に角材により変形を抑えようとしているようですが、力の流れをよく見極め、角材を効果的に使ってほしいと思います。10cm角の柱１本で2.0～2.5ｔの荷重を受けますから、写真〔１－31〕のように桁やタルキに引掛けた場合には接合部分の強度が弱いことから、桁やタルキなどの屋根部分が浮き上がってしまいます。

既存建物の構造を考えもせずに補強をしてしまうと、被害の拡大を招いてしまうことにもなりかねません。写真〔１－32〕は、柱の下に角材を仮補強にしようとしているようですが、柱の下部が浮いてしまっていては意味がありません。

写真１－30

写真１－31

写真１－32

10 被災地を歩いて

震災があると現地の視察に必ず行きます。目的は大きく分けて3点あります。一つ目は、被災状況を建築屋の目として伝えること。二つ目は、木造住宅の被災状況を技術的な観点から調査すること。三つ目には、被災された方々の相談にのることです。

そして、冒頭にも書きましたように、何故このような地盤に木造住宅を建ててしまったのかという、残念な思いをいつも感じます。

本来、家を建てる時、まず地盤状態を把握した上で、どのような基礎にするべきであるかを検討しなければなりません。しかしこれは、今も日本全国各地において、過去の震災被害の教訓が生かされておらず、その結果、被災地で同じ過ちを繰り返し大きな被害となっています。

よって、この問題のかなりの部分は人災と言えます。即ち、対処できることを知ってほしいと思います。生涯をかけて苦労して造った家が崩壊する、或いは財産のみならず家族を失うこともあります。そのような光景にいつも出会います。

そのような結果にならないように、耐震補強は必要です。しかし、耐震補強というと何か特別な事を行うように思われる方も多くいます。

耐震補強はリフォームの一環です。耐震性の向上を目的としたリフォームということになります。

日本人は、まだまだリフォームに対する関心が薄く、30年経ったら建替えようと考えている人が多いようです。しかし、これがリフォーム・耐震補強をという考えをせず、震災時における被害を拡大しているように思えます。何故ならば、メンテナンスに対する認識が薄いからです。

したがって、リフォームが活発に行われるようになれば、メンテナンスの意識も発展し、その認識も深まり、構造上のリフォームにももっと目が向けられるようになるのではないかと思います。そして、その結果が被災地における防災にも繋がってくるのではないかと思います。

また、被災地でいつも目にするのがゴミの問題であり、壊されていく木造住宅のことです。まだまだ使用できる家が無残にも壊されています。その結果、家を失うのです。

そして次に、仮設住宅の問題が生じ、被害を拡大してしまうのです。まず、壊すことを決める前に、修繕することを考えてほしいと思います。私達技術屋の役割はその新たな工法の開発・技術の向上にあると思います。

第二章

耐震診断

1 耐震診断とは

耐震診断とは、想定される地震に対する安全性や受ける被害の程度を調べることです。先述したように地震が発生した時には、初期に生じる、突き上げるような衝撃と、その後に横揺れがあります。

地球には重力が働いています。下からの突き上げは建物に重量がある訳ですから、重さ以上の力（ＩＧ）が生じなければ建物が浮き上がるようなことはありません。しかし、横揺れする力は建物に変形を生じ、大きな被害となる原因になるので、この横の力を中心に検討しなければなりません。

これが耐震診断です。参考までに神戸の震災の時に、海洋気象台で観測されたのは、縦が３３１ガル、横８１８ガルです（ガルとは加速度の単位）。建築基準法では横の力が２００ガル（建物の重さの２割）の地震、即ち震度階でいう5強の地震が起きても損傷が無いように、また震度階6以上の地震であっても、倒壊から木造住宅を守るような耐震性能のある設計をしなければならないとされています。

神戸の震災以後、耐震診断が行われるようになりました。しかし、耐震診断については意外に理解されていません。

したがってこの章では耐震診断に対する理解を深めていただくとともに、耐震診断とはどのような調査が必要なのかも理解していただく章にしたいと思います。

そして、第三章では、私が提唱している「構造調査」の主旨について記してゆくつもりです。

2 耐震診断の流れ

わが国の木造住宅の耐震診断は、静岡県において東海地震対策として作成されたものを踏襲し、昭和53年に建築防災協会に「既存木造住宅地震対策委員会」が設置され、翌年、「わが家の耐震診断と補強方法」が作られ、技術者用としては「木造住宅の耐震精密診断」が作られ、昭和60年に「わが家の耐震診断と補強方法」、「地震に備えてわが家の耐震補強」、「木造住宅の耐震精密診断と補強方法」が発行されました。東京大学の名誉教授坂本雄三先生、故杉山英男先生などが中心となり作られたのが始まりだと言われています。

この耐震診断は誰もが自分の家の耐震性を検討できるようにという目的で作られたもので、A地盤と基礎・B建物の形・C壁の配置・D筋かい・E壁の割合・F老朽度など6点より木造住宅を検討し、各評点を掛け算し、総合評点として評価をする簡易な方法です。

そして、0.7未満が「倒壊または大被害の危険」、0.7〜1.0は「やや危険」、1.0〜1.5は「一応安全」、1.5以上は「安全」という基準になっています。

そして、平成16年7月より「木造住宅の耐震診断と補強方法」（国土交通省住宅局監修（財）日本建築防災協会）によって改定されました。

これは専門家が行う耐震診断を「一般診断法」と「精密診断」に分けています。そして〔表2－1〕で示されるような評点方式で評価されます。

今までの「わが家の耐震診断」では平屋・2階建のみであった木造住宅の耐震診断から、3階建て・枠組壁工法・伝統工法・立面的な混構造、などの木造建物の耐震診断にも利用できるようになりました。

構造調査については後述しますが、ここでは耐震診断について説明をしていきます。

そして、現在、耐震診断を希望している方々にも「一般診断法」ではどのような調査が必要なのか、またどのように調査をするのかという点を理解していただきたいと思います。

耐震診断とは、地震や台風などのように建物の横に加わる力を調べることが目的です。一般に考えられているように最初の突き上げるような上下の衝撃よりも、その後にくる水平方向の揺れに対しての診断なのです。

しかし、耐震診断を依頼した人が、その目的や調査内容を知る由もありません。そのため、建物の問題点を全て見てくれるものと勘違いされ、様々な質問に答えてもらえない、などの苦情をよく聞きます。しかし、耐震診断を行って答えることができる内容は限られています。耐震診断は耐震性の調査をすることを目的としています。

したがって、建物の水平方向の耐力の診断を中心に調査を行うものなのです。

表2－1

上部構造評点（保有耐力／必要耐力）	判定
1.5以上	倒壊しない
1.0以上～1.5未満	一応倒壊しない
0.7以上～1.0未満	倒壊する可能性がある
0.7未満	倒壊する可能性が高い

3 耐震診断ソフトウェア

最近の耐震診断は、ソフトウェアを使って行っています。確かに偏心率（建物の重心と壁の強さの中心の差）の計算などは、手計算だと時間がかかるだけでなく、間違いを起こしやすいのです。従って、ソフトウェアで行うのは当然に思われますが、机上だけでできるものでもありません。

既存の建物の調査をするのが耐震診断ですから、建物の状況を現場で調査し、その調査内容をソフトウェアに入力しなければ診断は成り立ちません。即ち、ポイントは如何に既存の建物から情報を引き出せるかによります。しかし、調査は難しいものです。限られた時間内に必要最小限の内容を調べなければなりません。

また既存建物は図面がない場合が多く、あったとしても現状と異なることがよくありますから、図面は必ず現場で確認し、描かなければなりません。そして、建物荷重・壁の強さを調べるため、外部の仕上げ・各室の仕上げ・壁の下地・筋かいの有無と形状・できれば接合状況・また床組みなどを調査します。

その結果をソフトウェアに入力して、診断をするのですから、ソフトウェアがあってというより現場調査あっての診断といえます。表〔2－2〕は改定された耐震診断の診断表です。

表2－2　上部構造評点

階	方向	強さ P (kN)	配置 E	劣化度 D	保有する耐力 Pd (kN)	必要耐力 Qr (kN)	上部構造評点
3F	X						
	Y						
2F	X						
	Y						
1F	X						
	Y						

上部構造評点	判定
1．5以上	倒壊しない
1．0以上～1．5未満	一応倒壊しない
0．7以上～1．0未満	倒壊する可能性がある
0．7未満	倒壊する可能性が高い

総合評価

(a) 地盤・基礎

地盤	対策	記入欄(○印)	注意事項
良い			
普通			
悪い(埋立地、盛り土、軟弱地盤)	表層の地盤改良を行っている		
	杭基礎である		
	特別な対策を行っていない		

地形	対策	記入欄(○印)	注意事項
がけ地・急斜面	コンクリート擁壁		
	石積		
	特別な対策を行っていない		
平坦			

基礎形式	状態	記入欄(○印)	注意事項
鉄筋コンクリート基礎	健全		
	ひび割れが生じている		
無筋コンクリート基礎	健全		
	ひび割れが生じている		
玉砕基礎	足固めあり		
	足固めあり		
その他(ブロック基礎等)			

(b) 上部構造

階	方向	上部構造評点	判定
3F	X		
	Y		
2F	X		
	Y		
1F	X		
	Y		

4 地盤調査と耐震診断

被災地でいつも感じるのが、地盤と建築被害との関係です。軟弱な地盤、造成地における盛土と切土、或いは地盤の高低差、土留めの種類など既存の建物の現場調査では地盤調査はたいへん重要です。

建築基準法において、地盤の種類は第1種地盤、2種地盤、3種地盤に分類されており、地盤が軟弱な第三種地盤の場合には、建物が大きく揺れることから耐震診断では壁量を1.5倍にしなければなりません。即ち壁の量を50%増やさなければならないということです。

第3種地盤とは軟弱な深度が30m以上深い場合、また深さ3m以上の盛土地盤で、30年経過していない、即ちまだまだ地盤が締まっていない場合には地震時、建物が大きく揺すられることになるのです。

ですから、地盤調査をしない耐震診断であってはならないのです。

（補足資料参照）

地盤調査の方法は、限られた時間と費用で行うことから、資料中心にならざるを得ませんが、できるだけ資料を揃え、判断をするべきだと思います。

また、現地では地盤の高低差、土留・擁壁の種類と高さ、基礎の状況などを調べ、例えば基礎のクラックの有無なども調べていきます。

一、周辺の地形図
一、地図と地名
一、古地図
一、行政のマップ
一、地質図
一、ボーリング・柱状図
一、地盤図　他

表2－3　地盤の種類

第1種地盤	
・地盤、硬質砂れき層、その他主として第三紀以前の地層によって構成されているもの。 ・これと同程度の地盤周期（0.4秒）を有するもの。	一般診断法の「よい地盤」に相当する。
第2種地盤	
・第1種地盤および第3種地盤以外のもの。 ・地盤周期（0.6秒）	「普通の地盤」に相当する。
第3種地盤	
・腐植土、泥土などで大部分が構成されている沖積層（盛り土がある場合はこれを含む）で、深さがおよそ30m以上のもの。 ・泥沼、泥海などを埋め立てた地盤の深さがおよそ 3m以上で、埋め立てから30年経過していないもの。 これらと同程度の地震の揺れの周期（0.8秒）を有するもの。	「悪い地盤」に相当する。

5　劣化調査

劣化調査は大変重要です。しかし劣化というと古い建物という印象がありますが、これは正しい表現ではありません。木材は腐蝕しやすいと思われがちですが、決してそうではありません。写真は築約80年の小屋裏と床下〔写真2－1、2－2〕ですが、腐朽の様子が見られません。木材を腐らせる大きな要因は水分です。木材に含まれる水分（含水率）が25％くらいになると劣化を生じるようになります。35％を超えてくると腐朽菌が発生し木材を腐らせてゆきます。

したがって、劣化調査は水分と接しやすい部分を中心に調べてゆくことになります。例えば雨漏り、結露の多い部分、1階の浴室周辺などが特に注意しなければならない場所です。

また築年数と老朽化はある程度比例しますが、施工性・構法・材質などの影響もあります。参考までに阪神淡路大震災における淡路島において、調査された老朽度と被害との関係が〔表2－4〕です。当然老朽度が著しいほど、被害も大きくなる傾向ですが、それだけではなくメンテナンスの有無、内容などが問題になってくるように思います。恐らく、構造部分のリフォームがあまり行われていなかったのかもしれません。従って、劣化している部位を取替えるようなリフォームが行われていれば、この表の傾向も変わってきていたのではと思います。

木造住宅ではそのようなリフォームも可能であり、必要なのです。

表2－4　老朽度と被害率

	分類	全壊	半壊	小被害	無被害	合計
老朽度	著しい	72	100	51	25	248
	やや老朽化	38	113	134	84	369
	普通	17	69	185	190	461
	新しい	1	4	34	55	94

平成7年10月　木造住宅等震災調査委員会

写真2－1：築80年の建物の小屋裏

写真2－2

■床下から見た蟻道と腐朽

写真２－３

写真２－４

写真２－５

■結露による劣化・雨漏り・結露

写真２－６：屋根に広小舞がなく雨水が廻り劣化

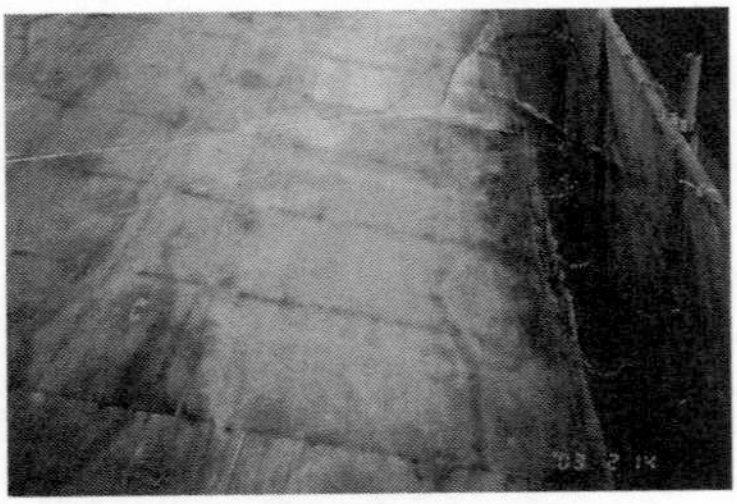

写真２－７：屋根材からの結

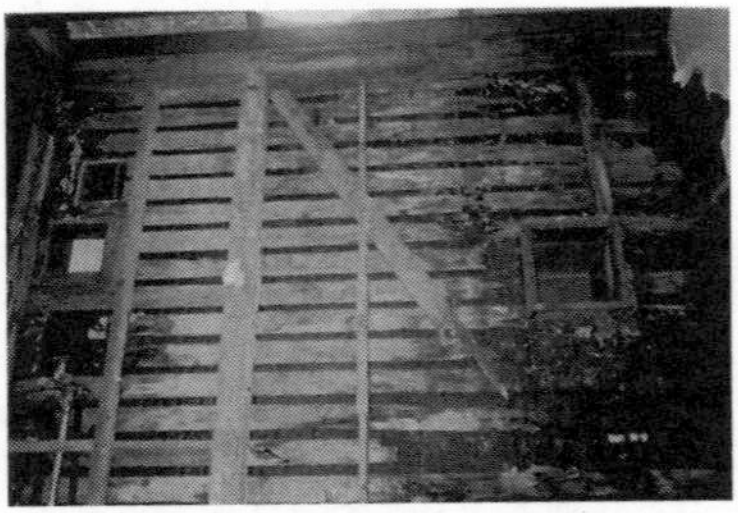

写真２－８：トップライトの結露に腐朽蟻害も見られる

■雨漏り

写真２－９：迺軒天部分

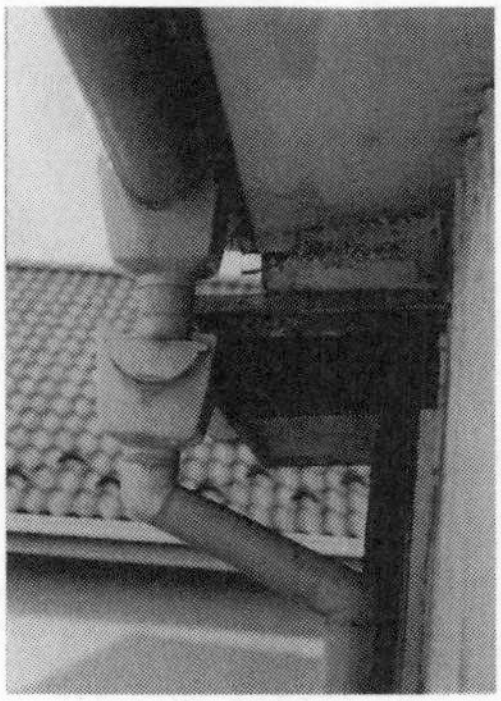

写真２－10：増築部からの漏水

写真２－11：庇の立上り部分の不足

■雨漏り・生活排水による劣化

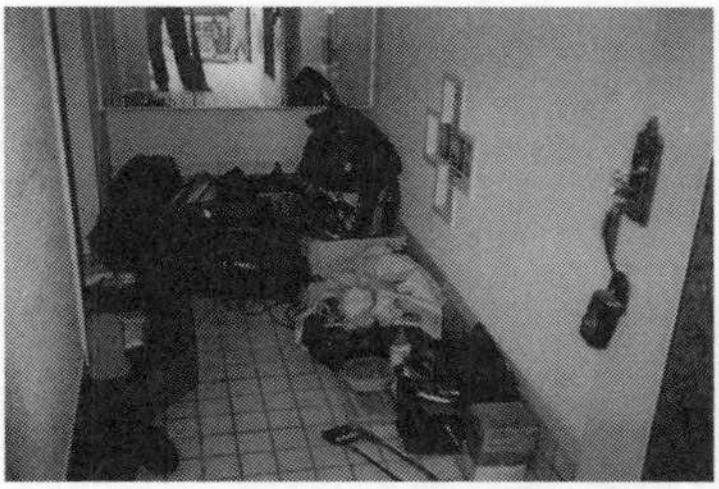

写真２－12：玄関内部（壁壁内は見えないが）

写真２－13：雨漏りと生活排水により劣化

写真２－14：土台周辺の腐朽

写真２－15：浴室外部の土台の劣化

6 基礎の調査

木造住宅の基礎は、昭和25年に建築基準法ができたときに定められましたが、〔図2－1〕のように改正されました。それ以前はコンクリートや自然石を使った独立基礎でした。昭和30年代には、団塊世代の成長から増築工事が盛んに行われ、首都圏では土地の問題もあり、平家に2階を増築する工事がよく見られました。このような増築方法をお神楽といい、2階を増築する場合、基礎の補強が必要ですが、実際には残念ながら基礎工事の補強は行われていません。

基礎は独立基礎ではなく、布基礎（布のようにつながった基礎）にしなければならず、ベースも必要になります。

次に基礎の鉄筋の有無ですが、1982年の公庫共通仕様書に配筋図が記載されました。したがって、以後の建物には、鉄筋が入れられるようになりましたが、以前の木造建築の基礎のほとんどには、無鉄筋の建物が多くみられます。

当然、現在の基礎には鉄筋が必要ですが、ただし、配筋方法に問題があります。

配筋方法は、地形、地盤により、基礎の形状も変えなければなりません。基礎形状が変われば、配筋方法も変わるのです。

耐震診断では、配筋状況まで調べるのは、難しいのですが、隣地との高低差、距離、クラック等の損傷と位置、不同沈下の有無などの調査は重要です。

クラックがある場合は、クラックの程度を正確に調べ、入った原因を検討しなければなりません。

図２－１：旧公庫の仕様書による基礎の変遷

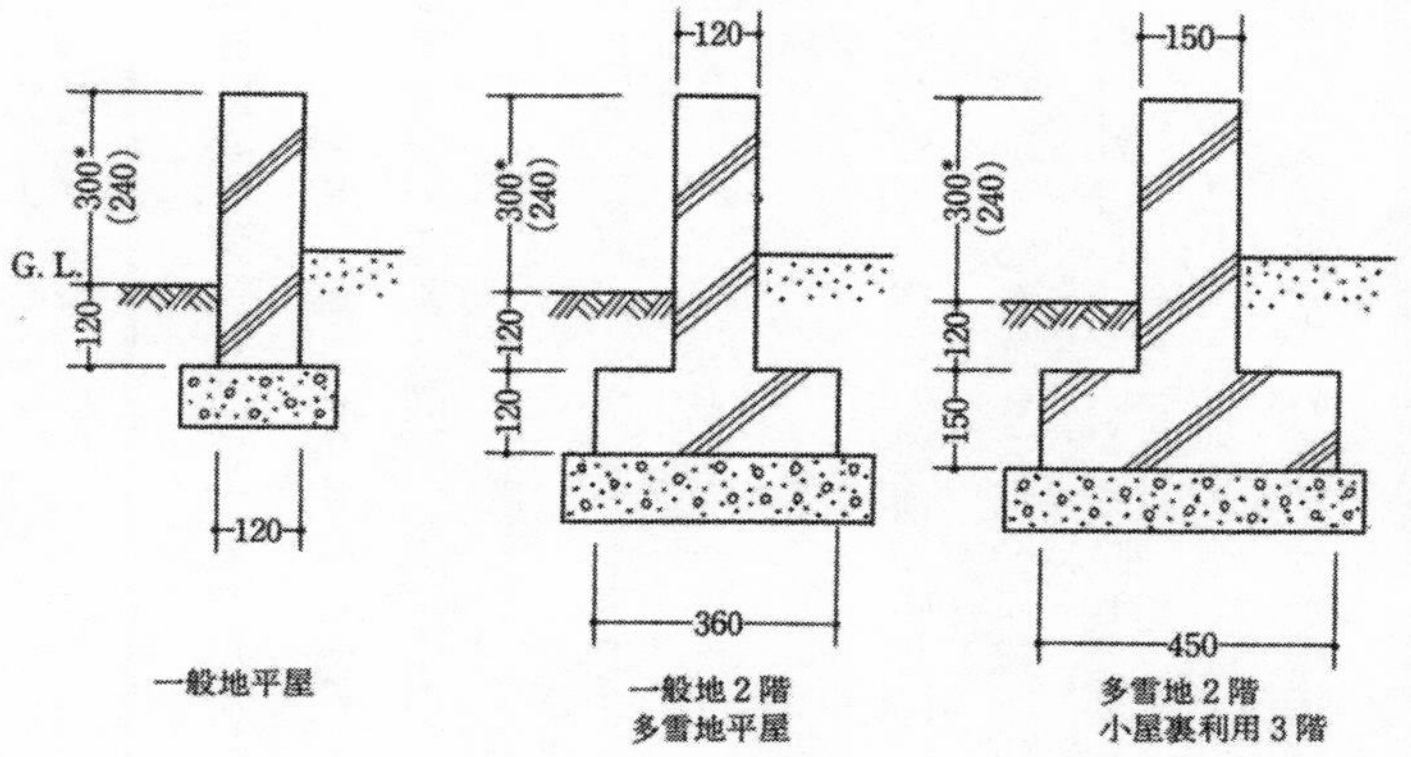

表２－５：基礎と建物被害

	分類	全壊	半壊	小被害	無被害	合計
基礎	玉石	9	16	15	4	44
	布石	72	79	56	30	237
	ＲＣ布基礎	19	80	122	147	368
	無筋コンクリート	7	17	24	14	62
	不明	54	84	185	154	477

木造住宅等震災調査委員会

7 壁の調査

既存建物の耐震診断をする時に、最も重要といえるのが壁の調査です。壁の調査方法は、外壁・軸組の壁内部（筋かいの有無）・小舞壁・内壁の仕上げなどを調べてゆきますが、これは図面、工事中の写真、また現地における床下・天井裏などから目視により調べてゆきます。

どうしても調べられない時、また公庫融資の建物の場合は、筋かいを調べるなどの工事中における役所の検査もあった訳ですから、状況に合わせた判断が必要になります。

そのため公庫融資の建物の場合には、図面の信頼性は高いことになります。また筋かいが図示されている場合には、仮に5ヶ所調べて4ヶ所以上ある場合には、図面の信頼性は高いという判断もできると思います。

写真〔2－16〕は1階の天井裏から撮ったものですが、筋かいが見えます。接合方法は通常、外部下地から接合するものなので分かりませんが、金物が見えないことから、金物は使用されていないことが分かります。外壁状況も分かります。

また小舞壁も見えますが、小舞壁が天井から床まで止まっているような壁、即ち横架材（胴差し）まで届いていない場合は、小舞壁の強度はあまり期待はできません。

この他にも1階床下・2階の天井裏（小屋裏）なども見てゆかなければなりません。特に、小屋裏の場合には、小屋裏が高ければ中に入って調べることも出来ます。小屋裏においては屋根の勾配や野地板根材の下地材の種類・小屋筋かいの有無などを調べます。

写真２－16：２階床組の写真

8 水平構面（2階床・屋根）

水平構面というと何か難しそうですが、要は木造住宅の床面の調査です。ただし、1階床のことではありません。もちろん、1階の床が気になっている人たちの話もよく聞きますが、この問題については耐震診断ではなく、構造調査の章で取り上げたいと思います。耐震性上、特に重要になるのは、2階床と小屋裏部分の水平構面です。

特に2階床が重要です。写真〔2－17〕は、2階床の1階天井裏から撮ったものですが、屋根の上には、建物がないため重量がかかりませんが、屋根面の荷重を調べる必要があります。しかし、2階床は上に2階があります。

2階の屋根の重量は、2階の壁を伝わってきますが、その下（1階）に壁が無ければ力が流れません。このように2階の壁の下に1階の壁がない場合は、2階床が力の流れ道になり、1階の壁に伝わります。

床剛性を考える時に、箱を思い浮かべて下さい。箱にフタが無ければ簡単に歪んでしまいますが、フタをつければ箱は簡単には歪みません。

したがって、吹抜けが問題だということがお分かりいただけると思います。吹抜けの場合には、できるだけ一面が外壁面になるように設置し、一辺の大きさも3m以内とするべきです。

また図〔2－2〕は水平構面の強さを表していますが、図〔2－3〕は吹抜けの図です。この中で一番強いのが合板下地貼りで、弱いのが火打ち梁なし製材下地です。

写真２－17：２階床組。１階の天井より

図２－２

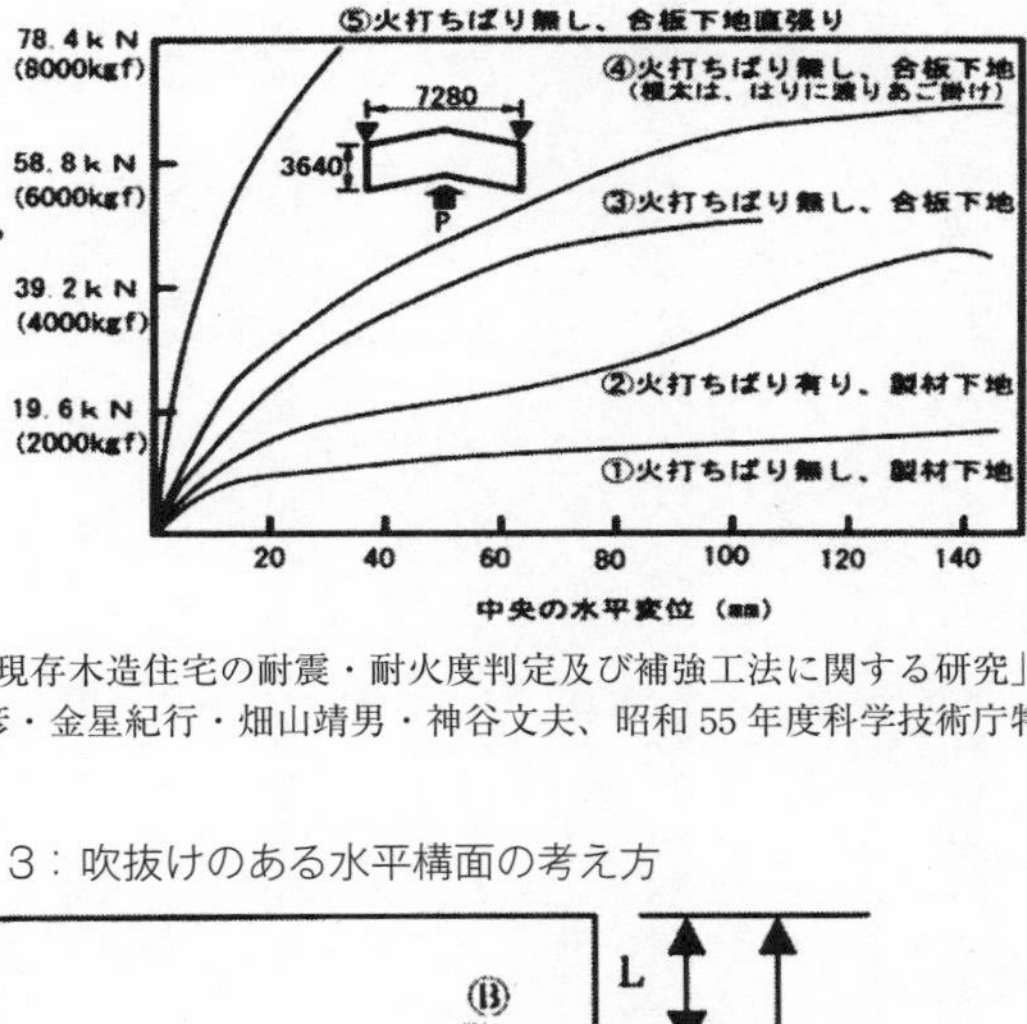

出典：「現存木造住宅の耐震・耐火度判定及び補強工法に関する研究」
平嶋義彦・金星紀行・畑山靖男・神谷文夫、昭和55年度科学技術庁特調費

図２－３：吹抜けのある水平構面の考え方

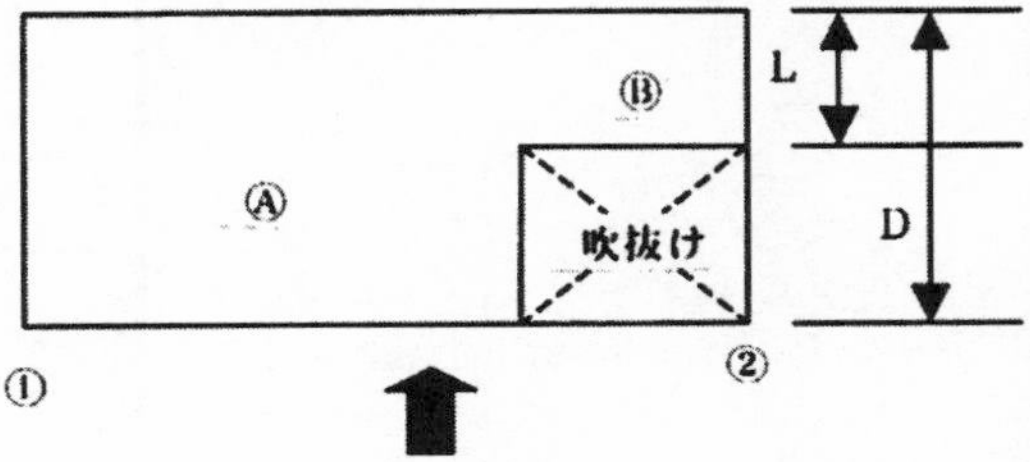

L=2D/3の時は、②列の耐力壁の効果を割り引いて評価する必要がある。
その分、①耐力壁が多くの水平力を負担する。

出典：「地震と木造住宅」杉山英男著、丸善

9 接合部

木材は大変強い材料です。木造住宅は4m程度の長さの木材を組み立て繋げてつくってゆきます。しかし、鉄骨などと違って溶接などはできません。だから、木造住宅は接合部が欠点と言えます。そのため図（2－4、5）のような加工を行い接合するのです。

接合部は直線的に繋ぐことを継手、角度を持って繋ぐことを仕口といいます。

継手の種類によっても強度は違いますが、どうしても木材の加工だけでは、母材の強度に及びません。よって、調査ではどのような接合が行われているのかを調べなければなりません。

また通常、羽子板ボルトが使われているものですが、注意して見る必要があります。私の経験では昭和初期から羽子板ボルトが使われていますが、それ以前はカスガイや釘留めでした。

最近の小屋束は短ほぞが主流です。床束は釘やカスガイ、平金物で接合していることが多いのです。

このように、最近の継手・仕口はかなり簡略化されてきていますので、必ず釘や金物による補強が必要になります。

近ごろはプレカット（木材を事前に工場で機械加工する方法）も増えてきていて、

写真２－18：小屋裏における梁の継手。写真は梁の継手はカスガイしか見当たりませんが、梁の継手はボルト２本締めとします。

継手・仕口の簡略化に拍車をかけている反面、木材の乾燥状態はよくなっていて、加工面の接合状態は向上してきています。

図２－４：木材同士でつなぐ継手と仕口

大梁と小梁の仕口
大入れ蟻掛け

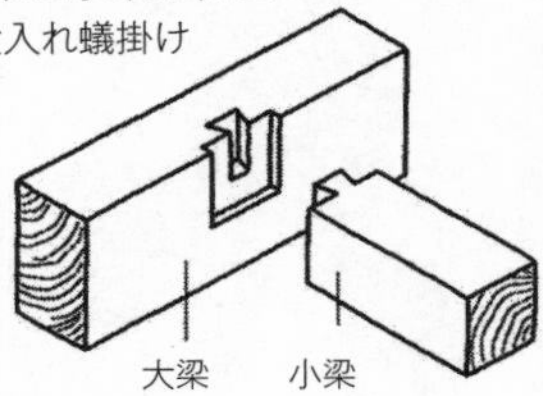

上図と同じ仕口は大梁と小梁の接合部にも用いられる。

柱と梁の仕口
傾き大入れ
短柄差し
（かね折り金物）

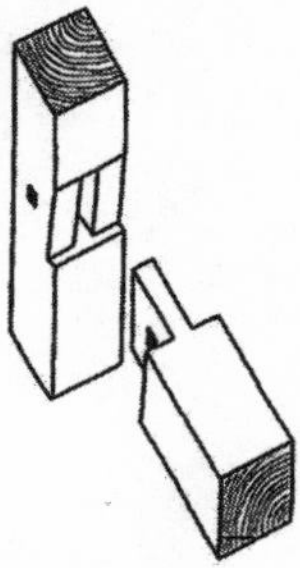

傾き大入れ短ホゾ差しとした場合には「かね折り金物」で補強をすることが望ましい。

図２－５：基本的な継手

①殺ぎ

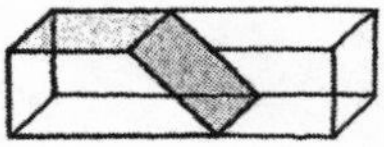

②腰掛け蟻継ぎ

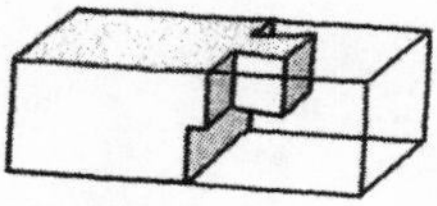

③腰掛け相欠き

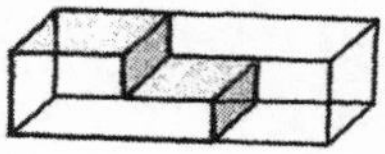

④腰掛け鎌継ぎ

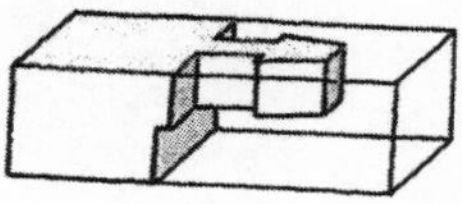

⑤追掛け大栓継ぎ

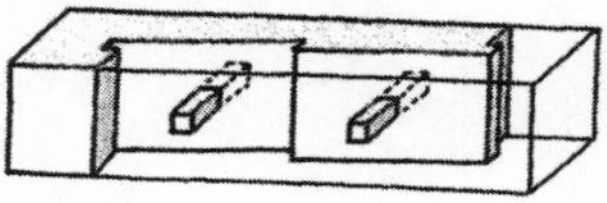

継手にはさまざまな形状があるが、いずれも木材の強度よりはかなり落ちる。腰掛け蟻継ぎで 10%以下、一番強い追掛け大栓継ぎでも 30 ～ 50%である。

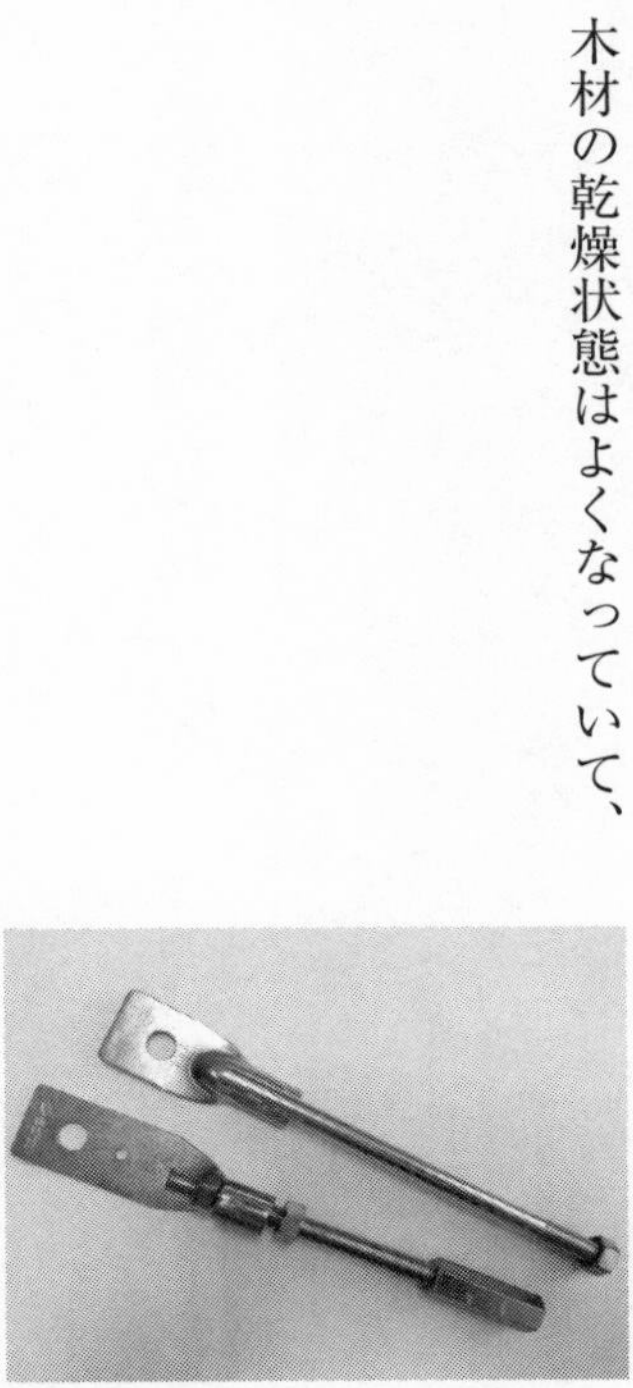

羽子板ボルト

第三章

構造調査

1 構造調査とは

耐震診断が既存建物の地震力の検討を目的としているのに対して、構造調査は「何がこの家で問題なのか」という視点で行います。もちろん耐震性能も調査の中心的な内容であることは言うまでもありません。しかし、調査内容及び地盤状況も問題点をできるだけ具体的に説明できるような調査を行います。したがって基礎の調査は実際に掘って調べます。

また、造成地では不同沈下を意識し、低地においては建物の湿気対策に注意します。

木造住宅の構造上の検討をする場合、横からの力（地震力と風圧力）と重さ（鉛直荷重）の調査が必要になります。耐震性能は水平耐力の検討を行います。この場合は、壁の調査が中心となりますが、地震の検討は非日常的なことです。それに対して床などの荷重については日常的な問題といえます。

木造住宅の劣化についての調査も重要です。劣化原因は水分が大きく影響しますから、劣化調査の場合には、水分との関わり方の調査が中心になります。土中水からの湿気・雨漏り、結露による劣化や生活排水に関わる部位は特に注意しなければなりません。またそれ以外にも問題となっているのが、屋根直下の部屋の夏季における室温の問題です。これは屋根材も関係しますが、屋根裏の換気に問題がある場合も多いのです。また、その他、居住者の疑問点を聞き調査を行います。

今後、長期に建物を使用してゆくにあたって、地震力だけでなく、どのようなリフォームが必要であるかの視点で調査を進めてゆきます。

劣化を調べずに耐震補強を行うようなことのないよう、〝構造リフォーム〟につながるような調査を行ってゆきます。

住宅は修繕しながら使ってゆくものです。そのためには、正確な情報を得なければなりません。その調査内容を元に〝構造リフォーム〟を行いますが、正確なリフォームを行うためには調査方法・内容が重要といえます。

調査をするにあたって、多くの経験をしてきました。正直、調査は簡単なものではありません。そのため、今までの経験を伝えてゆくために、耐震研究会を立ち上げ、啓蒙活動を行っています。

建て替えをするにあたって、調査は必要がないという向きもあるようですが、建て替えは、より投資額が大きくなります。もちろん、調査内容により額は多少異なりますが、建て替えをすれば問題が解決する訳ではありません。同じ失敗を繰り返すことのないよう問題意識を持ち、それに取り組むことで解決することができるのです。

2 地形・地名から地盤を探る

まず調査を依頼された時には、地図を開き、地形・地盤の検討を始めます。そして、地盤の調査方法・地形に基づく環境（風圧力・地山の傾斜・軟弱地盤・湿度等）など調査のポイントの検討を行います。また建物の図面がある場合でも、図面と異なることが多いため、現場調査用に下書きをしてゆきます。もちろん図面がない場合も多く、その場合には現地で図面を書くことになります。

しかし、図面があったからといって鵜呑みにはできません。図面と異なる場合には、現地でチェックし書き直します。木造住宅の場合、図面があっても途中変更、あるいは増改築などによって、建物と図面が異なっている場合が多く、平面図の作成は必ずしなければなりません。

調査を行うにあたっては、まず始めに地形を考えなければなりません。地形の手掛かりになるのが地名です。地名は、現在は分からなくても、過去の地形を表している場合が多くあります。例えば中町という地名は川と川の間にできた町、また現在はなくても池の名前が残っている場合もあります〔表３－１〕。

また、川の蛇行にも注意が必要です。川の位置も変化しているものです。およそ都市部は沖積平野の地形模式（補足資料を参照）になりますが、調査対象の建物がどのような地形にあるのか、それによっては地盤調査方法の検討をしなければなり

表３－１：地形を表す地名の例

地形	地名
低湿地	アクダ、アクド（悪田）アベ（阿部）アワラ（芦原）ウダ（宇田）エダ（江田）カツマタ（勝俣）カマタ（蒲田）クボ（久保）コタ（古田）ゴンダ（権田）トダ（戸田）トベ（戸部）トロ、ドロ（土呂）ニタ、ニト（仁多）ヌタ（沼田）ノタ（野田）ミドロ（美土呂）ムタ（牟田）ヤノ（矢野）ヤツ（谷津）ヤト（谷戸）クダ（久田）アダチ（足立）ス（州）ヤダ（矢田）イグサ（井草）スガヤ（菅谷）イナギ（稲城）
砂州 干潟	イサ（伊砂）イサゴ（砂子）ス（州）スカ（須賀）ユサ（由左）ニイガタ（新潟）イワワダ（岩和田）エド（江戸）ヨコハマ（横浜）
崩崖	アズ（子豆沢）アボ（阿保）ウツ（宇津）オシダシ（押出）カケ（掛）カレ（干）クエ（久江）ザレ（座連）ダシ（出谷）ボケ（歩危）トウゲ（峠）イリマ（入間）アサ（阿左）ガイ（涯）スイ（錘）
低地	コシガヤ（越谷）シブヤ（渋谷）ソシガヤ（祖師谷）ヒモンヤ（碑文谷）カスヤ（粕谷）セタガヤ（世田谷）ユキガヤ（雪谷）ミゾノクチ（溝の口）イグチ（井口）オクサワ（奥沢）フカサワ（深沢）フジサワ（藤沢）
木に関わる地名	水　川　海　池　井　田　さんずい（氵）　江　沼　島　州　津　泉　橋
新田 開墾（山）	ノダ（野田）マチダ（町田）コウヤ（興谷）コモリ（小森）シンヤシキ（新屋敷）ナンゲンヤ（何軒屋）
干拓地 （水辺）	オキ（沖）ベフ（別府）タシロ（田代）シモダ（下田）タナベ（田辺）

角川小事典、「日本地名辞典」新人物往来社他より作成

ません。特に低地では常水位・地質に注意を払わなければなりません。

　現地での調査においては、地形などを判断しながら、調査内容の検討を行います。例えば街中では風圧の問題は意味がありませんが、家が見晴らしのよい高台に建っている場合には、地震力より風圧が問題になる場合もあります。また傾斜地・高台に建っている建物の場合には、地盤が埋土か切土なのか、また硬質地盤までの深さ・隣地との高低差・土留・擁壁の種類などを調べる必要もあります。また沖積層における軟弱地盤の深さなどにも配慮が必要です。

3 木造住宅の不同沈下

不同沈下とは、床のレベルが異なることをいいます。地盤の影響による場合、または床組の劣化に伴い生じる場合もあります。

床板が沈むと、建具の建てつけが悪くなり、ドアの開閉ができなくなるケースもあります。

はじめに床のレベルを調べ、状況を把握することから調査を進めます。不同沈下がある場合には、その傾向を調べ、原因をつかんだ後、対策を検討します。

例えば、土台等の劣化による場合には、劣化部分の取り換えを行えばよいのですが、傾斜地や不完全な土留の歪みにより、基礎のレベルに問題を生じている場合もあるのです。その場合には、基礎の補強工事から行なわなければなりません。

基本的には、床レベルが６／１０００を超えた場合には、不同沈下の傾向があることになります。

補修方法としては、簡易な場合には、床組を補正し、床レベルの修正を図る、または、基礎の補強工事を行い、床組みの補修をすることもあります。

そのため、調査時には、必ずレベルを計り、問題点を探らなければなりません。

4　軟弱地盤と圧密沈下

軟弱地盤の例を考えると、第三種地盤が思い浮かびますが、ここでは軟弱な地盤と第三種地盤を分けて考えることにします。何故ならば、第三種地盤とは、3m以上の埋め立て後、30年を経過していない地盤、または30m以上の軟弱な地盤と定義されているが、地盤が沈下又は不同沈下する恐れのある地盤は、深さは30m以内で、年数も30年とは限らないからです、

30年以上経過していても、軟弱な地盤として対策しなければならない事がありえるからです。

また壁量においても第三種地盤の場合は、1.5倍にしなければなりませんが、これは軟弱な地盤の上に建つ木造建物は、揺れが大きくなる事が想定されるからです。

次に基礎の構造形式を決めるには、20KN／㎡以上、30KN／㎡未満の基礎においては布基礎は不可、20KN／㎡未満の地盤では基礎杭としなければならないと定められています。では軟弱地盤とはどのような地盤をいうのでしょうか。

一般的にシルトのような軟らかい粘性土、有機物を多く含む腐植土（有機質土・ピート）、液状化しやすい砂質系の土質、それ以外にも沖積平野の底地、山間地の溺れ谷、三角州や潟湖、埋め立てられた臨海地など、実に多くの地形が考えられます。

したがって、私たちが設計をしようとする宅地のほとんどは、常に軟弱地盤対策

の必要に迫られています。

このような地盤の上に木造住宅を建てれば、地盤の荷重や建物の重さにより沈下する事があります。それは極端な言い方をすれば、水を含んだスポンジの上に建物を建てようとした時に、建物の重さで水が絞り出され、スポンジが沈むような現象が生じます。

それが圧蜜沈下です。実際には沖積層の地盤においては、このような地盤が多く存在します。その結果が地盤沈下の現象です。

5　地盤調査の方法

地盤調査の方法はいろいろあります。最近は新築の建物の場合には、木造であっても地盤調査を行なわなければなりません。

耐震診断でも地盤調査を行なう場合があります。最近の調査方法はスウェーデン式サウンディング試験（ＳＷＳ試験）が多く行なわれています。ＳＷＳ試験は地盤の試験方法です。機械による試験方法や手動式による試験方法があります。しかし、いずれの方法でもＳＷＳ試験の場合には、地質や常水位の調査（最近は水位調査をする地盤業者もいます）は難しく思うようにできません。

また手動式・機械式によって調査結果が異なる事もあります。手動式の場合には自沈層に入った時にはＳＷＳのハンドルが自沈します。この時に50kgの重りで沈む場合を50kg自沈。75kg、１００kgで沈む場合をそれぞれ75kg自沈、１００kg自沈といいます。

そして、重りをかけて沈まなくなった時にハンドルを回転させます。この時１８０度で一回転としています。調査の深さは約10m程度ですが、自沈層は軟弱層といえます。

このように手動式の場合には同じＳＷＳ試験でも自沈層の見分けが可能です。

筆者は地盤調査をする際に、ハンドオーガーボーリングを行なっていますが、この方法では地質、水位を見る事が出来ますが、手動で行なうことから調査の深さは5m程度までです。

その他に表面波探査・標準貫入試験・平板載荷試験などの調査方法があります。

6　液状化現象

液状化現象とは、地下水位が浅い砂地盤に多く起こります。特に、地下水位が3mより浅く、土質も砂地盤の場合は、液状化現象が起こりやすいのです。地震時に、地盤が揺すられ、特にゆるい地盤、砂地盤では地下水位と砂が混じり、液状化します。その後、水と一緒に砂が吹き出してしまう噴砂現象を起こしたりします。

水とともに流動化してしまい、地盤沈下を招きます（流動化現象）。

調査方法は、地盤を掘り、地質と地下水位の深さを調べます。深さが3m以内の場合には、液状化の可能性を疑います。

7 劣化原因

木造住宅の劣化は生物劣化によります。これは蟻害、虫害による被害、また腐れも腐朽菌などの生物が原因だからです。

腐れは、水分が大きく原因していますので、木造住宅をいかに水分から守るかが課題になります。

劣化についてはは写真を見ていただくと分かりやすいと思います。まず土中水からの湿気による被害写真〔3－1〕です。浴室の場合、浴室から漏水により木材の含水率が上がり、木材を腐らせます。また床下の湿度が上がるなどの原因になってカビが発生し、白アリを誘因することになります。写真〔3－2〕のように床下に出来た蟻道などが見られます。

写真3－1：床下（大引、束、根太）の劣化

写真3－2：床下の蟻道

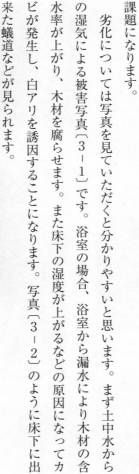

この頁の写真は結露による被害です。屋根の結露〔写真３－３〕、外壁面の結露による腐朽、蟻道〔写真３－４〕の被害です。写真〔３－５～７〕は雨漏り部まで蟻道が見られ、横架材〔胴差し・梁などの横に使われている材〕にも蟻害が見られます。また蟻害の場合には、木材が乾燥していても被害を受けることがあります。

写真３－３：屋根の結露

屋根、外壁部分に生じた結露により屋根材・壁内の木部の腐朽が見られますが、壁内では蟻害も見られます。結露などの水分、また通気が悪かった結果と思われます。

写真３－４：壁内の結露

写真３－５：束石からの蟻道

写真３－６：雨漏り部分に向かって下から白蟻による蟻害・腐朽が見られます。

写真３－７：横架材（２階胴差し）の雨漏り部分に蟻害が見られます。

●腐朽菌

腐朽菌は、褐色腐朽菌、白色腐朽菌、軟色腐朽菌とに分けられます。特に木造住宅には針葉樹（杉・桧・松等）が多く用いられます。自然界には針葉樹を侵すものが多く、木造住宅は、褐色腐朽菌による被害が多くあります。また木材の強度低下も褐色腐朽菌がいちばん影響しているようです。白色腐朽菌は、腐朽すると白っぽくなりますが、褐色腐朽菌のように腐朽材に変形を生じることはありません。主に広葉樹（ケヤキ・栗・ナラ等）に多く発生します。

軟色腐朽菌は、水と接触している木材がぬるぬるしているところに発生します。表層は柔らかくなりますが内部まで腐ることはありません。

またカビは細胞壁を分解できないことから、強度低下の心配はありませんが、住宅内に発生するカビはアレルギー症や真菌症（注1）の原因となります。

調査の際、床を開けるとカビの臭いがしてくることがあります。この場合は床下の換気湿度対策が必要になります。居室の対策は、掃除と換気です。室内では、窓を開け新鮮な空気を取り入れることが望ましいのです。カビは室内では、浴室・厨房などの水回り、または押入などの換気が取りにくい場所に発生しやすくなります。

（注1　真菌症とはカビやキノコの仲間のことで、カビなどによって引き起こされる感染症です。）

●白蟻

白蟻と腐朽の被害は分かりにくい場合もありますが、腐朽菌に誘引される傾向も見られます。日本では八種類ほどの白蟻が発見されていますが、主にヤマトシロアリとイエシロアリで、ヤマトシロアリは、最近では北海道でも発見されていることから、全国に生息しているようです。

ヤマトシロアリが飛翔するのは4月～5月の昼間、イエシロアリは6月～7月の夜に飛翔します。飛翔距離は２００m程度、イエシロアリは関東以西の海岸沿いに多いといわれています。またヤマトシロアリよりイエシロアリの方が体長も大きく、動きも活発です。

その他にも、イエシロアリはコロニーも大きく、数万の集団になり、水分を運ぶ能力があることから、屋根などにも被害を受けます。しかし、白蟻は皮が薄いことから、熱湯をかけると死滅しますが、コロニーを無くさない限り、すぐに蟻道をつくります。

また白蟻には目がありません。フェロモンを辿って蟻道をつくり、その中を行き来する傾向があるので、蟻道を辿ってコロニーを消滅しなければ、白蟻を退治することは出来ません。

図３－１

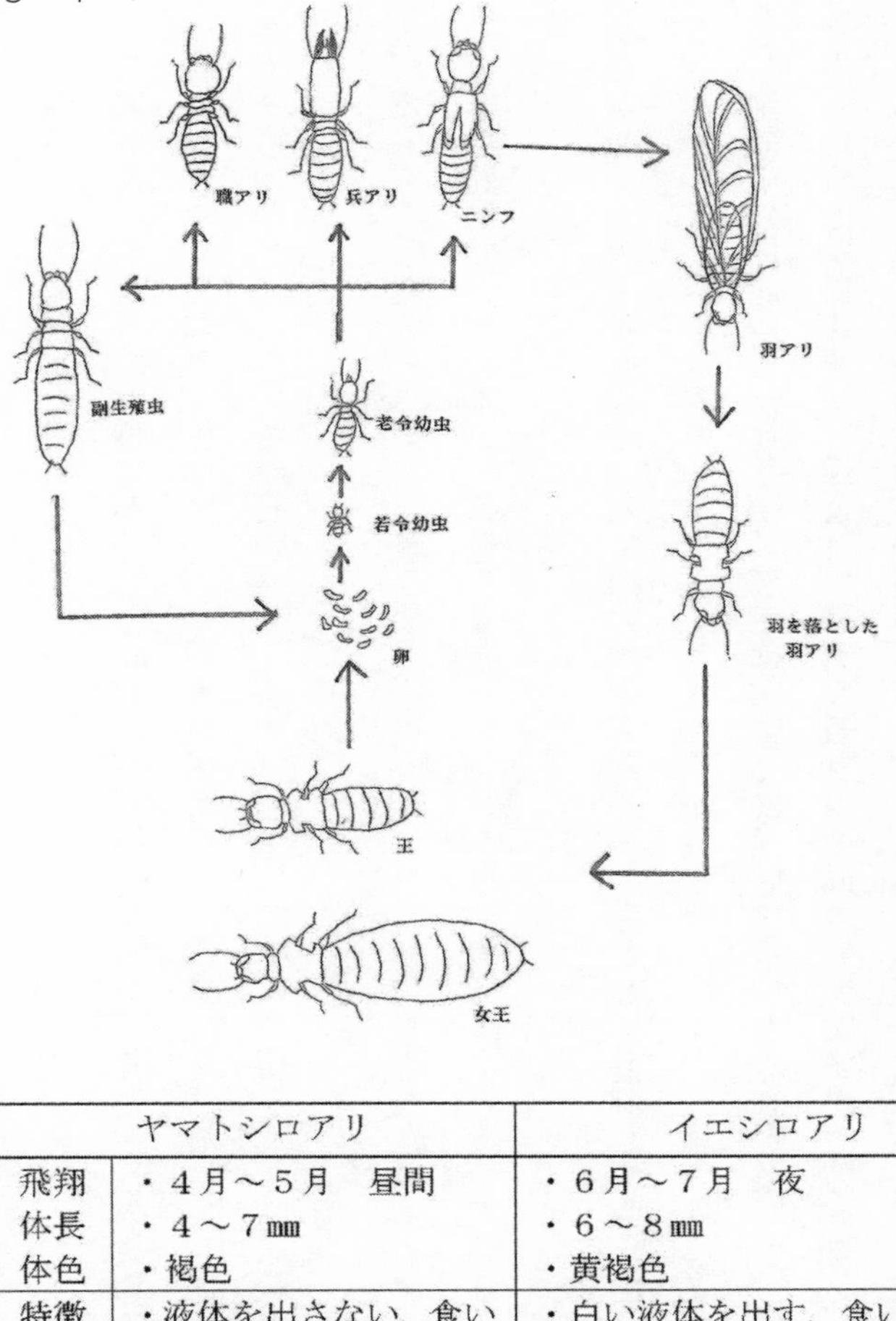

表３－２

種別		ヤマトシロアリ	イエシロアリ
羽蟻	飛翔 体長 体色	・４月～５月　昼間 ・４～７㎜ ・褐色	・６月～７月　夜 ・６～８㎜ ・黄褐色
兵蟻	特徴 体長 体色	・液体を出さない、食いつかない ・４～６㎜ ・頭　円形　淡黄色	・白い液体を出す、食いつく ・６～８㎜ ・頭　卵形　淡黄色
蟻道 食材 被害部分 巣 生存最高湿度		・１０×１０㎜ ・湿った木材などを好む ・地上から１～２㎜が９０％ ・土中、壁 ・２５℃	・３０×１０㎜ ・湿った木材とは限らない ・地上から屋根裏まで ・土中、建物内部等に木くずなどにより巣をつくる。周囲の湿度には関係がない ・３５℃

8 湿度を調べる

『構造調査』をする中で構造部分とは異なりますが、温湿度の調査も行なっています。湿度による問題がとても多いからです。

基礎も布基礎になり、強度は強くなりましたが、湿度の滞留、また最近の建物は気密性が高くなっており、土中水からの湿度は床下から室内に入り、籠ってしまう場合が多くあります。そしてカビが発生します。湿気は床下に滞留し、1階床材の劣化を生じ、フローリングの床が歩くたびに沈むようになります。また室内では、結露が発生する問題も生じます。湿度は木造建物にとっても、人間の健康面においても大きな問題で、アレルギーの発生など、シックハウスの原因にもなっているのです。

したがって、床下の湿度や、木材の含水率も調査の一環として計測しています。最近は床下に防湿コンクリートを施工している場合がありますが、施工性によっても防湿効果の性能が異なります。例えば、よく勘違いするのが砂利地業です。砂利地業というと基礎工事の一環として砂利を敷きつめ固めていますが、防湿コンクリートの場合には、砂利の間隙《かんげき》が問題になります。従って敷き固めてしまったら、効果は薄くなります。また防湿フィルムの敷き方にも注意が必要です。

冬の晴れたある日、家内が家の南側と北側で3度程気温が違うと言うので、湿度計を4台設置し計測しました。結論からいえば温度差はあまりなく、温度計の設置場所に問題があったようです。
気温の差はそれ程見られなかったものの、土の上とコンクリートの上での湿度差は20%程度ありました。これが住宅の床下と同様には考えられませんが、湿度差を検討する参考にはなると思います。

図3－2

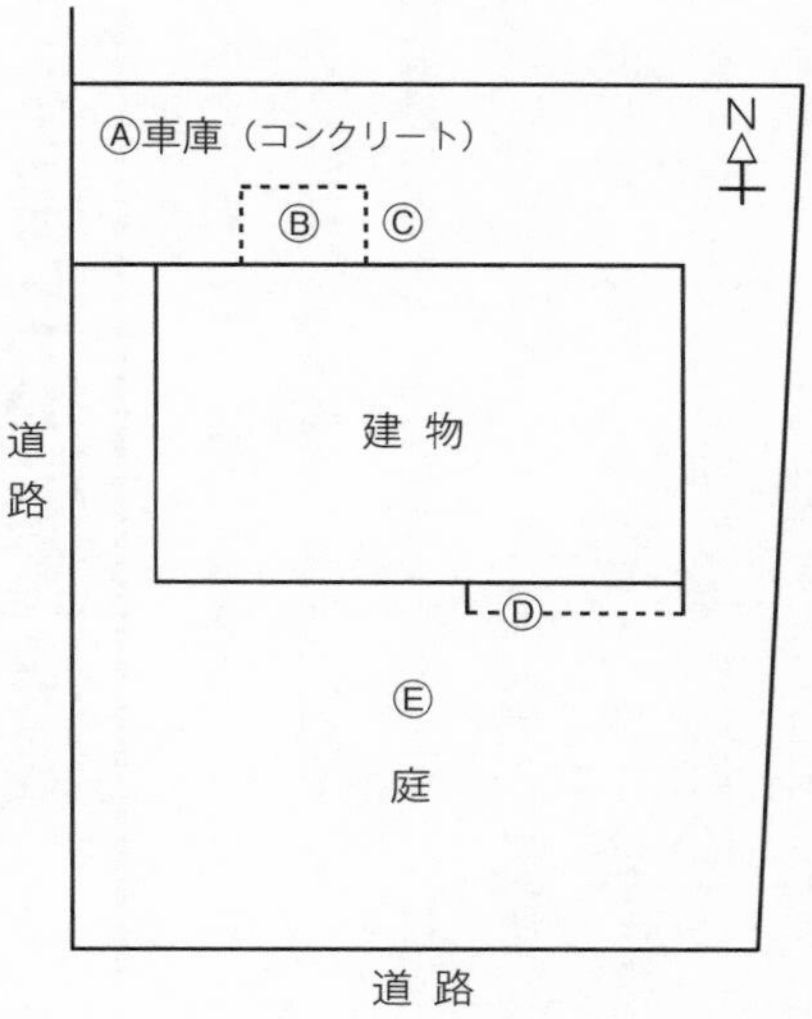

	設置場所	温度	湿度
A	タイル上	4.8°	34%
B	タイル上	1.6°	32%
C	土の上	4.0°	51%
D	敷台（木）の上	3.0°	51%
E	土の上	2.0°	55%

9 室温と小屋裏換気

湿度の問題と同じように考えなくてはならないのが、夏季の最上階（2階建ての場合の2階部分）の部屋の温度の問題です。

問題は何点か考えられます。まず屋根材料です。屋根材料には、瓦・石綿版・鉄板などが使われます。それぞれ材料には長所・短所があります。阪神淡路大震災の後、瓦屋根は重いから、地震対策として軽い屋根材に変えることが多く見られました。確かに地震力は建物の重さに比例することから、屋根材は軽い方が有利だといえますが、地震だけの事を考えて屋根材を決めるのはどうかと思います。地震の時は軽い方が有利ですが、台風の時は逆に重い方が有利になります。したがって屋根材を決める時に、地震のことだけを考えて決めるべきではありません。

瓦屋根は素材・形状・施工性により、屋根材料と野地板（屋根材の下地）の間に通気性があり、断熱だけでなく結露防止の役割もします。瓦屋根はこのように耐久性を含め、優れた屋根材料だといえます。

石綿版の平板や、鉄板葺きの場合には、瓦屋根に比べると熱の遮断は弱くなります（断熱施工されているものもあります）。

また熱を防ぐために天井を設けますが、小屋裏（天井裏）に吸排気孔を設けるなど、熱の排出も必要です。

図3－3：分類は天井部分の面積

小屋裏換気孔の取り方例

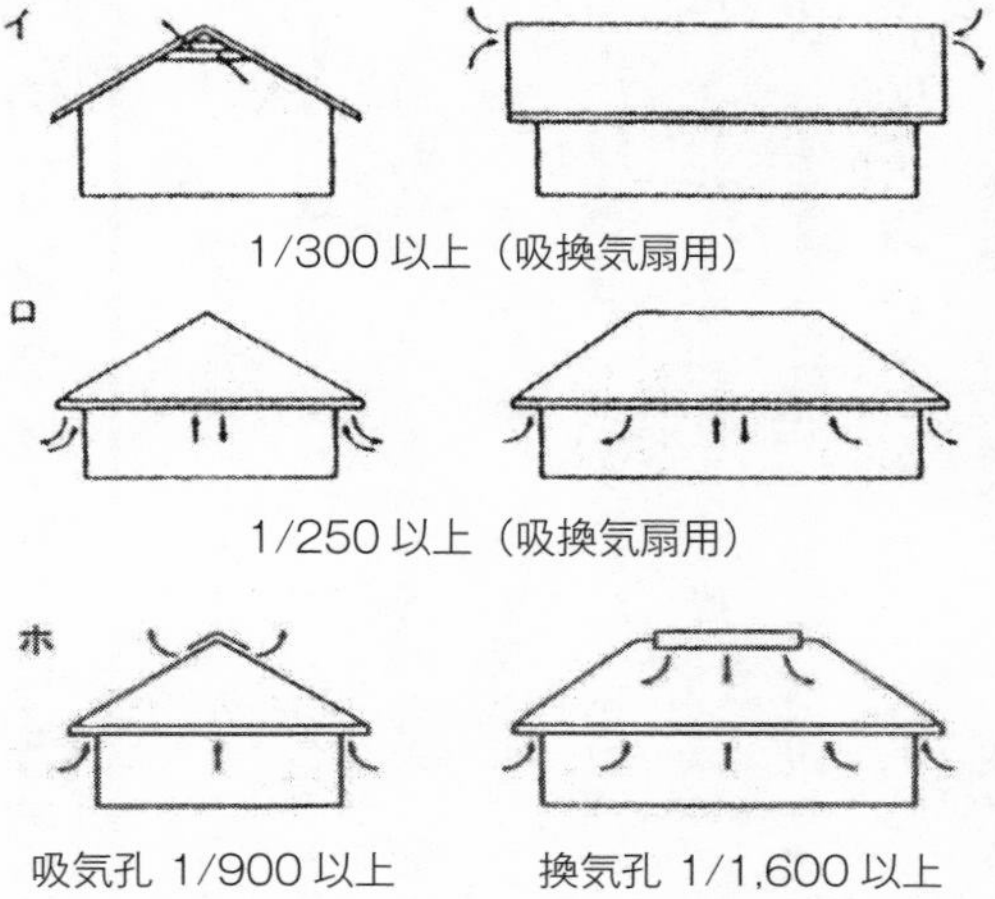

（資料：公庫共通仕様書）

当然のことですが吸気は下部に、排気は高い位置につけることが有効です。2階が暑いという木造住宅において、このような小屋裏換気が施工されていないケースが大変多くあります〔図3－3〕。

また断熱材を屋根面に施工する場合は、雨漏り、結露が生じることのないように、慎重な設計・施工が必要になります。室内側も水蒸気、結露に対する配慮が必要になります。したがって既存建物の調整をする場合には、雨漏りに配慮することが重要ですが、天井裏の温度、湿度を調べることも調査時に行わなくてはいけません。

10 無筋コンクリートは問題なのか

基礎にクラックが入っているケースがよくあります。基礎に何らかの力が加わったという事は間違いありません。しかしクラックが入っているから問題だと決めつける前に、何故クラックが入ったのか、またどのような場所に、どのようなクラックが入っているかを調べることが必要です。

昭和25年に建築基準法が制定され、建物外周は今までの独立基礎から布基礎になりました。そして、昭和46年に基礎は、コンクリート造、または鉄筋コンクリート造の布基礎とするようになりました。公庫共通仕様書では、昭和57年に配筋図が示され、昭和60年に配筋基礎がはじめて標準仕様になりました。

このように木造住宅の基礎はそもそも独立基礎からはじまり、基礎に対する認識は薄かったと言わざるを得ません。

これは既存の木造住宅の基礎を掘って調べてみると、ベース幅・厚ささえも仕様書の形状（第二章　基礎の調査参照）を満たしていない場合が多く、基礎に対する認識不足を感じます。また鉄筋を入れる場合には、基礎の立ち上りの厚さも12㎝では薄く15㎝は必要です。

しかし、このような変遷からも分かるように、既存建物の中には無筋基礎が多く存在しています。ではこれらの建物はみな、基礎の補強をしなければならないのでしょうか。もちろんした方が良いことは当然ですが、まず現況の調査を行い、問題点の検討が必要です。

11 基礎とアンカーボルト

前述のように木造住宅の基礎に対する意識は浅く、基礎に鉄筋を入れるようになったのも、昭和46年ころからです。したがって、アンカーボルトに対する認識は、より薄かったようです。

アンカーボルトは、土台を基礎に結合する役割ですが、昭和25年の建築基準法制定前の独立基礎の時代には、使いようもありませんでした。そのため、アンカーボルトに対する認識が薄かったのも、当然のことかもしれません。

建物は、地盤の良い場所に建てるという認識もあまりなかったようです。地震が起きた時には、ゆるい地盤ほど揺れは大きくなります。揺れは基礎を通じて建物に影響しますが、基礎に建物を結合するのがアンカーボルトの役割です。アンカーボルトは建物の隅部に入れ、2.7ｍごとに配置します。

もちろん現在は、細かく規定も定められていますが、既存の基礎については、年代にもよりますが、認識が薄かったといえます。

ただ、木造建物の調査時に、アンカーボルトがあっても、座金、ナットの無いことも時々見かけます。

水害の折り、テレビニュースで家が流されてゆく場面を見ますが、アンカーボルトの緊結不足が原因している場合もあると思います。既存の木造建物ではアンカーボルトの不足が否めません。

写真３－８：増築部分と思われる接合部分にアンカーボルトがない

写真３－９：土台の継ぎ手部分にアンカーボルトがない

12 鉛直加重の調査

よく建具の開け閉めに問題のある家がありますが、これは上下階の柱、壁の不一致に生じやすい問題です。このような場合には、2階床のレベル（水平）の調査を行います。そして、床に「下がり」がある場合には、2階の梁伏を調べます。2階の床梁も多少はたわむものですが、あまりたわみが大きくなるようであれば問題です。

また、場合によっては1階の不同沈下ということも考えられますので、1階のレベルも調べなければなりません。またお神楽（2階を増築している場合）や、一部であっても2階部分に増築が行われている場合、沈下時期、沈下量などの傾向が異なるなど、複合している場合もあります。

そのため、2階の床の沈みが大きい場合には、2階の床組みを調べ、梁断面の検討もしなければなりません。もちろん床の積載荷重も問題になるので、重量の重いものがあれば移動する、梁の補強が必要になる場合もあります。積載荷重は1㎡あたり180kgを基準と考え、本棚のように狭い面積に集中して重量がかかることのないようにします。

1階の床の場合には建物の荷重は独立基礎、布基礎の場合は建物荷重は基礎に伝わり、1階の床の上にある荷物などは束石に伝わりますが、部屋の外周部の基礎は建物の重さで沈み、部屋の中央部分は、荷物に影響されます。束石基礎の敷固めが弱いと束石が下がり、床が沈むこともあります。問題が生じている場合には、まず正確な調査が必要になります。

図３－４：　土台のＴ字部の仕口

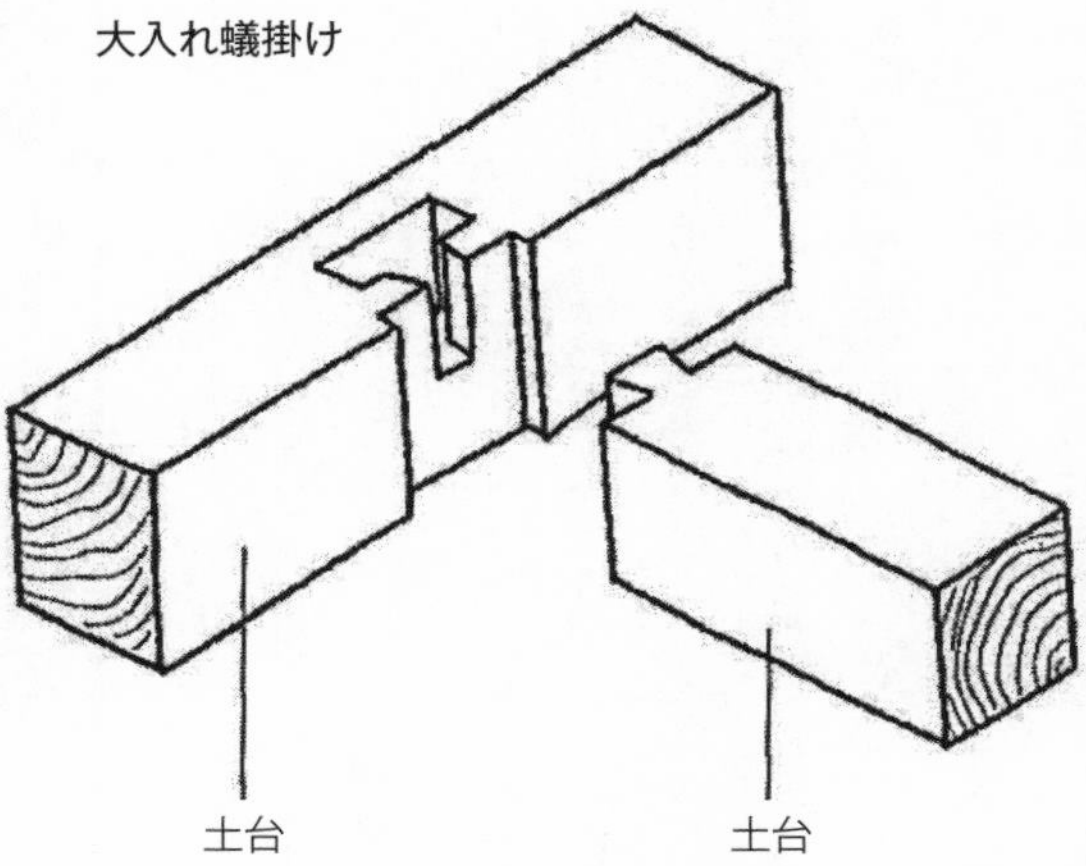

写真３－10：梁の仕口。
梁がたわみ、梁の腰掛部分が外れ、羽子板金物によって指示されている状態。

13 外壁直下率を探る

2階の柱の下の1階部分に、柱が必要であるという認識は一般的に広まっています。これは通し柱が果している役割です。もし2階の柱の下に柱が無い場合は、梁で補強することになります。

しかし、2階の壁の下に、1階の壁がなければならないという認識は、設計者、施工者にしても、意識が薄いようです。既存建物の外周壁の直下率を調査すると、柱の場合は60％前後あるのに対して、壁の直下率は20％前後しかないことなどからも、柱と壁の認識の違いが分かります。柱は上の荷重を下に流す役割がありますが、壁は、地震の時に建物に加わった地震力を2階の壁から1階の壁に伝達します。したがって、地震の時に力の伝達がスムーズに流れるかを調べるために、外周壁の直下率を調べる必要があるのです。千鳥上に2階と1階の壁が互い違いの壁も有効です。また水平方向に壁がずれていても、1m程度であれば有効です。床が力の流れ道となるからです。

吹き抜けの場合は、力の流れ道となる床が無いことが問題なのです。

したがって耐震補強計画を立てる時には、上下階の力の伝達も意識して補強計画を立てなければなりません。

図3－5

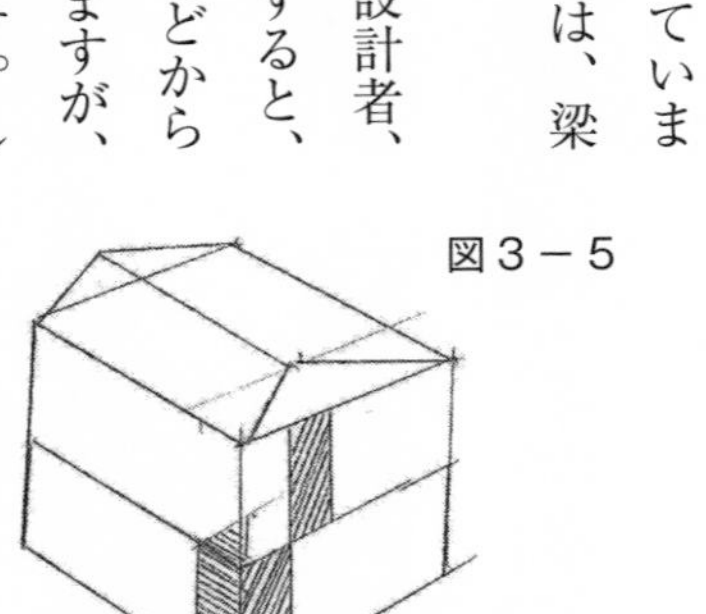

14 耐震診断と構造調査の費用

耐震診断費用の算出の根拠は、人件費が主体になります。調査の手順は事前調査、現場調査、書類作成、報告という手順で進められます。しかし、一般的な規定がないことから、筆者が行っている調査方法を規準として検討してみることにします。

【調査報酬の考え方】

・事前調査　技術者　0.5人
・現場調査　技術者　1.0人
　　　　　　手　元　1.0人（手伝い）
　　　　　　大　工　1.0人
・書類の作成　技術者　3.0人
・報告　0.3人
・事務費（写真コピー等含む）
・調査具及び消耗品
・運搬費
・事務所経費

などの項目が考えられます。

次に報酬については、技術者（1級建築士取得後3年未満、2級建築士取得後8年未満の業務経験を基準とした報酬費が約3万900円となる（積算資料による））

【調査の内訳】

・技術者　3万900円×3.8人　＝11万1420円
・手元　1万5000円×1人　＝1万5000円
・大工　2万5000円×1人　＝2万5000円
・事務費（写真、コピー等）　＝1万5000円
・調査器具及び消耗品　＝1万円
・運搬費　＝1万円
・事務所経費　約10%　＝2万円

合計　21万2420円

既存建物の延床面積の平均値は約34坪（112.2㎡）です。したがって、100㎡を基準にすると約20万円となります。建物の規模がそれ以下であっても、行う作

業はほとんど変わりません。したがって、100㎡までを20万円としました。

(以後1㎡増えるごとに1000円加算)

勿論、調査を行うにあたっては、調査の行いやすい建物、行いにくい建物もありますが、基準値を設けなければ、予算の組みようもありません。

その他の費用としては、既存建物の中には、図面のない家があります。その場合には図面を現場で調べ、書く作業が必要です。

したがって、その費用は技術者一人が必要になります。(現場調査、持ち帰り図面作成費含む)

3万9000円→3万円としますがこの場合も100㎡までを基準とします。

(100㎡以後は㎡当たり1万円加算)

診断費用 100㎡まで2万円
(以後1㎡ごとに1000円加算とする)

図面作成費(平面図、仕上表程度とする)

100㎡まで3万円(以後1㎡ごとに1000円加算とする)

一般診断法に基づく調査費用

【一般診断法の報酬の考え】

調査費の内訳
技術者（調査、書類作成、報告）3.0人×3万9000円　＝9万2700円
手元　1人　＝1万5000円
事務費　＝7000円
運搬費→交通費　＝5000円
事務所経費　約10％　＝1万円
合計12万9700円
→約13万円

以上のような報酬が考えられます。

基本的な考えとして、先の診断調査費との違いは、車を利用しなければならないような、道具の使用による調査はしないことを前提としました。ただし、図面のない場合には、前項の図面作成費と同様に考えます。

ただし、木造住宅の耐震診断には補助金の出る地域があります。基本的には昭和

56年以前の建物で増改築をしていない場合などの条件があるので、ご利用を検討される際には、お近くの役所で確認して下さい。

15 木造住宅の耐用年数

木造住宅の耐用年数とは、使用可能な年数ということですが、日本では少し違った意味で解釈されているようです。

最近では、30年（アンケートによれば30年前後と考えている人が多い）という年数だけが一人歩きをしています。30年という年数の根拠はどこにあるのでしょうか。

ひとつには、税法上の償却が考えられますが、償却は平均建替え年数から定められていると聞きます。木造住宅の減価償却が約22年ということが、根拠になっているのかも知れません。減価償却とは経済価値の減少分を見積り定めることですが、耐用年数の根拠とは異なります。

耐用年数を考える時に、物理的な耐用年数を思い浮かべますが、それ以外にも、収益性を持たす建物に建替えなければならないなどの、経済的な理由から建て直すケース、また社会的環境の変化に伴い建て直すケース、計画道路にかかり建て直さざるを得ない場合もあると思います。

しかし、ここで強調したいのは物理的耐用年数です。木造住宅の耐用年数は何を根拠に決めているのでしょうか。

巻末にある各国の耐用年数を比較しても、日本だけが極めて短いことが分かります。北米と日本との、住宅に関する考えの違いが分かります。表〔３－３〕は各国のメンテナンス比率です。ここでも日本は比率が低く、約10パーセント弱が建設投資額の中の維持修繕にかける割合です。メンテナンスを行わずに住宅を建て直すという傾向が見てとれます。

これは、住宅に対する考え方といえるかも知れませんが、戦後の高度経済成長を推進するにあたり、住宅の着工戸数が経済政策に反映されてきた結果といえます。高度経済成長の過程では仕方のないことであったとしても、今日の日本は高度成長期でもなく、少子高齢化時代を迎えています。それでも住宅着工戸数へのこだわりを感じてなりません。

しかし、日本も住宅に対する政策を変革しなければならない時期にきているのです。

欧米のものまねをする必要はありませんが、欧米から学ばなければならない点は多くあるのではないでしょうか。そして、これからの日本の木造住宅のあるべき姿を真摯に思考すべき時だと思います。

日本の経済・社会状況・環境問題・森林問題を考え、そして、木造住宅の耐用年数を考えた時にどうあるべきなのでしょうか。すなわち数百万戸という住宅在庫を抱えている現状では、スクラップアンドビルドという時代ではなく、既存の住宅をもっと長く生かしてゆく方向に転換するべきではないかと強く思います。

いまは、「木造住宅は直しながら使ってゆく」という時代にあると思います。そしてそれは技術的には十分に可能なのです。

木造住宅は、基礎の補強、柱・梁などの構造部分の補強、取替えなどが可能です。もちろん、それにともない耐久性・耐震性、あるいは断熱性などの、性能を向上させることも可能です。

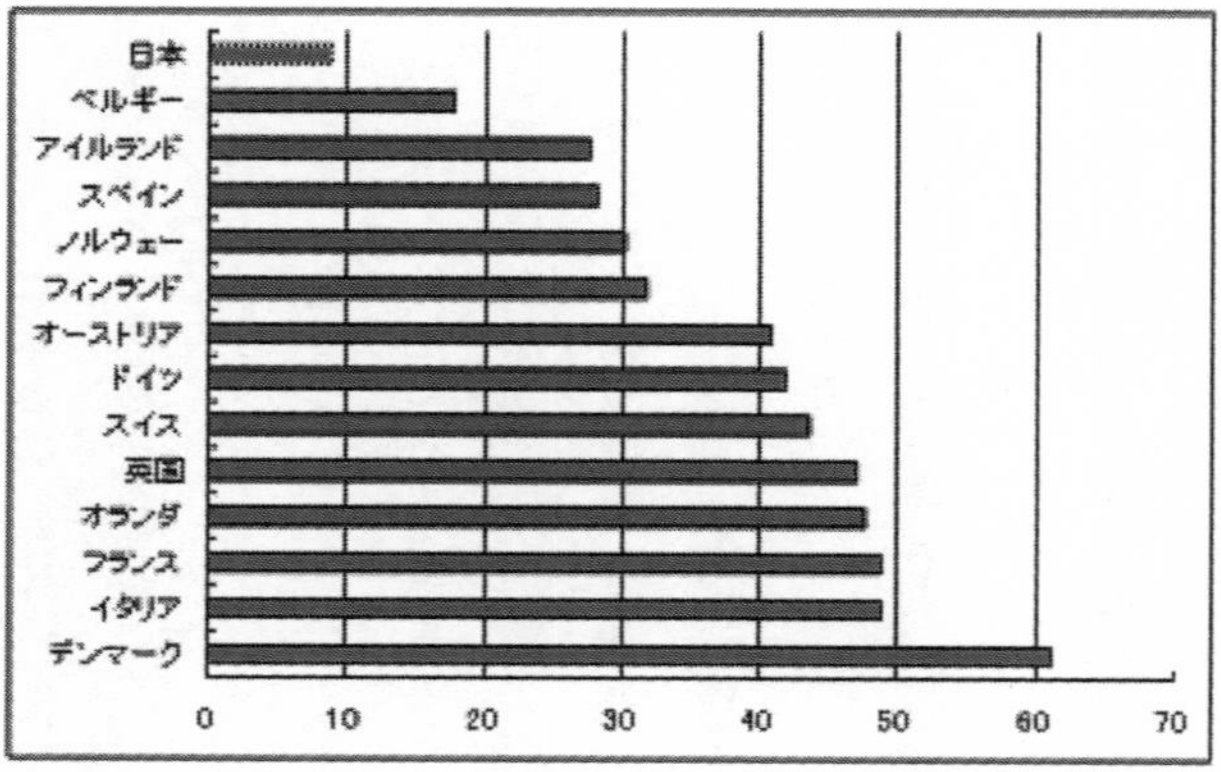

表3－3:欧州諸国建築工事高に締めるリノベーションの割合(%)
（資料：ユーロ・コンストラクト）

したがって、今までのように内外装・設備などのリフォームにとどまらず、今後はもっと根本的なリフォーム・メンテナンスを行ってゆくべきだと思います。劣化した部分を取り替えるということは、耐久性の向上につながることになります。日本の木造住宅の耐用年数は30年ではないのです。せめて日本の木造住宅の耐用年数を70～１００年程度を目標にしたいと思います。そのためには、中古住宅に対する日本人の意識変革も必要になってきます。

16 耐震補強の効果

耐震補強を疑問視する人から、よく耳にするのがその効果です。

耐震補強をしても効果は目に見えませんから、そのような疑問は当然のようにも思えます。

現在、耐震補強の計画をしているが、本当に効果があるのだろうかという不安をお持ちになる人は多いと思います。

しかし、それは補強を計画している人からだけでなく、耐震補強工事を行っている業者からも聞くことがあります。

地震力は建物の重さに比例します。建物が重くなればなる程、地震力は大きくなります。

木造住宅の場合はこの地震力を壁で対応させます。したがって建物の重さにより壁量を求めますが、バランス面も検討しなければなりません。また、それだけでなく、床面や接合部の強化も必要です。

木造住宅の耐震性を考えるときに、建物を箱に例えて考えると分かりやすいと思います。

壁を設けても、それだけでは箱は歪んでしまいます。そこで蓋をすれば箱の歪みは小さくなりますが、蓋の部分と壁の接合がしっかりできていなければ、蓋は簡単に外れてしまいます。

木造住宅も同じです。壁・床・接合部の補強が重要な要素になります。

既存の建物の耐震性能を調べるのが耐震診断であり、問題点を補強するのが耐震補強になります。しかし、蟻害や腐朽などの劣化被害のないことが前提になります。

おおよそ劣化被害は筑後20年前後から進行することが多いのですが、雨漏りや結露被害が激しい場合には、年数に関係なく注意が必要です。

阪神淡路大震災における震度階級7の揺れを生じた地域における地震被害が表〔3－4〕に示してあります。15～20年、10～15年、10年以内を比較すると明らかに被害の違いが分かります。無被害は15～20年16・5％、10～15年21・8％、10年以内36％、次に大破・倒壊・撤去済みも入れて比較すると、15～20年18・4％、10～15年8.9％、10年以内2.1％となっています。明らかに年数により被害は少なくなっています。

劣化状況をいわれる人も多いと思いますが、筆者の経験では20年以内の木造住宅の劣化はまったく関係がないとは言えませんが、大きく比率を変えるほどは生じていません。いちばんの違いは、木造住宅の耐震基準の変更（1981年・阪神淡路大震災の14年前）にあると考えるのが妥当だと思います。1981年を境に壁量の基準が変わったのです。平たくいえば壁量が増えたのです。だから、耐震補強は壁量の検討を行い、壁量を増加することにあります。結果、阪神淡路大震災の例で比較しても、これだけの被害差が生じていることをみても、耐震補強の効果が認められます。参考までに、この時の筋かいの接合は現在のように金物ではなく、大半が釘による接合でした。現在は２０００年に柱頭・柱脚・筋かい端部を金物で接合するようになりました。

接合部における金物の使用、バランスのよい壁の配置、あるいは、耐力壁に面材を使用する現場が多くなりました。この面材（構造用合板など）は釘接合になります。したがって正しい釘を正しく使用することが大切になります。

正しい釘の使用は、耐震補強の効果を上げる要因になることはいうまでもありません。

阪神淡路大震災以後、多くの実験が行われています。また阪神淡路の調査結果、また、その後各地で起こった地震の調査においても、建物による被害差が明らかになっています〔表３－４〕。

しかし、地盤の検討、劣化対策が前提条件であることは、いうまでもないでしょう。

表３－４：阪神淡路大震災における震度７の地域の被害（上：戸数、下：%）

１０年以内								
無被害	軽微	中破	大破	倒壊	撤去済	焼失	不明	合計
118	175	25	2	2	3	2	1	328
36.0	53.4	7.6	0.6	0.6	0.9	0.6	0.3	100.0
１０～１５年								
無被害	軽微	中破	大破	倒壊	撤去済	焼失	不明	合計
37	89	28	3	2	10	1	0	170
21.8	52.4	16.5	1.8	1.2	5.9	0.6	0.0	100.0
１５～２０年								
無被害	軽微	中破	大破	倒壊	撤去済	焼失	不明	合計
37	105	36	23	4	14	3	2	224
16.5	46.9	16.1	10.3	1.8	6.3	1.3	0.9	100.0

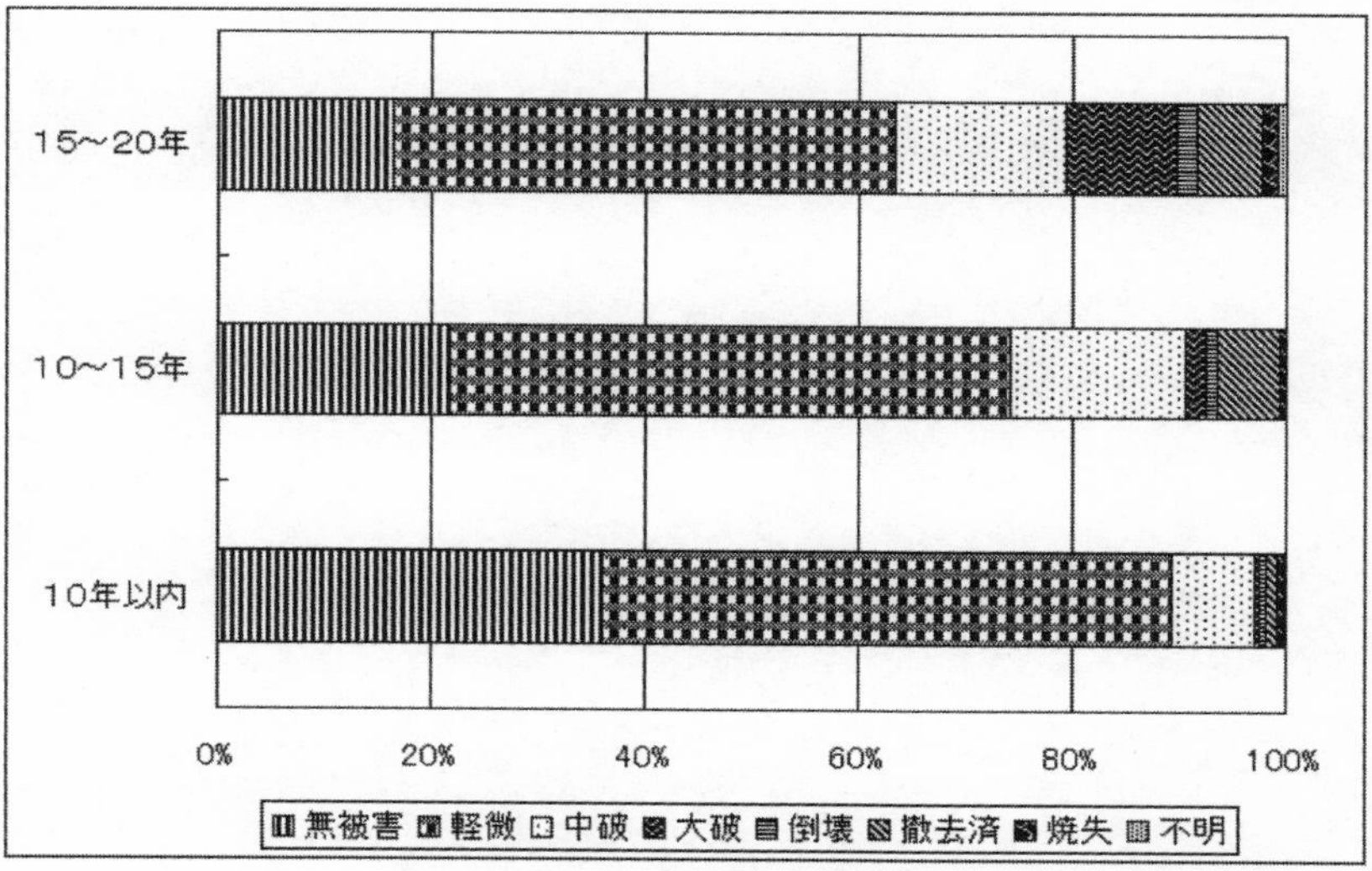

住宅金融公庫融資住宅震災調査報告書

第四章
構造リフォームと補強事例

構造リフォームとは、既存木造住宅の抱える問題をリフォームという方法で解決してゆくことです。よく耐震診断時に居住者の人からいろいろな質問を受けて困っていると聞くことがありますが、これは無理もありません。耐震診断の目的は耐震診断を検討することです（実際には壁・床・接合部の検討が必要）。したがって、私たちが「構造調査」で行っているような鉛直荷重の問題、地盤・劣化等の問題点の調査、検討だけを行っているわけではありません。それ以外にも各室、間仕切り、小屋裏の温湿度、換気の調査なども行っています。

第四章では、補強内容をできるだけ事例の写真を多くして見ていただき、分かりやすく進めてゆくつもりです。そして、「こういう事も出来るのか」という認識を持っていただければと思います。その他リフォームの場合の注意事項も含め、「構造リフォーム」とはどういうものかを理解していただければと思います。

1 劣化対策

補強工事にあたっては、劣化対策を優先させなければなりません。劣化している上に耐震補強を行っても意味がありません。耐久性の向上を伴う工事が「構造リフォーム」の目的です。

生物劣化とは、腐朽菌による腐れと白蟻被害等ですが、一番の原因となるのが水分です。特に腐朽菌は水分が一番の誘発原因になります。そのため、いかに劣化原因を絶つか検討しなければなりません。

水分の供給原因は次の４点が考えられます。

①水漏れ（雨漏り）による
②生活排水による水漏れ
③土中水からの湿気
④結露

木造建物の耐久性向上を図る上では、木造建物を水分から守り、維持保全に心がける必要があります。

例えば30年程経過したモルタル壁の外壁下部、防水の行われていない浴室などは要注意です。しかし、木造建物の場合には、一部に腐朽が生じても、部分的に取替えが可能です。

昭和46年以後の建物の場合には、布基礎が床下に連続していることから強度は強くなったものの、湿度が滞留しやすく、特にアルミサッシュの普及により機密性の高まった最近の建物は、湿気が室内に籠り、その影響を受けることになります。また屋根や開口部周辺からの雨漏りにも、十分注意しなければなりません。

●水分の供給原因を断つ

劣化・腐朽対策の基本は、木造住宅を水分から守ることにあります。まず当然のようですが、雨漏りを無くすことです。まず雨漏りの原因を突きとめ、劣化部分は取り替え、確実に修理する必要があります。

屋根からの雨漏りですが、隅木部分の雨押えからの漏水です。この場合、屋根勾配が緩過ぎます〔写真4－1～4〕。

しかし、屋根の勾配を変えることは、屋根の納まりや費用などの問題から無理があります。そのため、屋根の材料をシングル葺きに変更しました〔写真4－5〕。

次に土中水の湿気です。地盤の数メートル下は水です。したがって水分は常に上がってきています。今までの伝統工法のように独立基礎、建具も木製の時代の建物は、通気性がよかったと思いますが、最近の建物は気密性がよくなってきています。

そのため、建物内部の床下から土中水の湿気が上がってきます。これはいくら除湿機を使っても切りがありません。まず湿気を抑える処理が必要になります。簡単な方法は、ポリエチレンフィルムを床下に敷き込むことです。簡単で費用もあまりかかりません〔写真4－6〕。

その他に、生活排水があります。1階に浴室がある場合、防水が行われていないケースが多く、ちょうど洗い場の床と土台の高さが同じくらいであることから、写真のように土台周辺に腐れを生じます〔写真4－7〕。また、それは玄関周辺にもいえます。玄関を水洗いすると同じように土台の腐れの原因になります〔写真4－8〕。それ以外の場所でも水と関わりがある部分は注意が必要になります。花壇も同じようなことがいえます。水をかけていると、それが腐れの原因となってしまいます。また腐朽は白蟻の誘因にもなるので、より被害を大きくしてしまいます〔写真4－9〕。

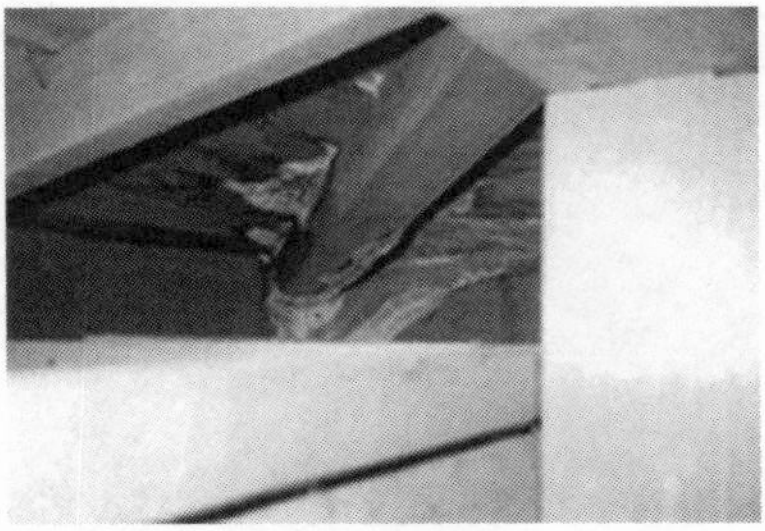
写真4－1　屋根裏より

写真4－2　挿押工部の劣化

写真4－3　野地板の劣化

写真4－4　屋根面からの劣化

写真４－８　玄関部分の土台の腐朽

写真４－９　花壇部分の腐朽

写真４－５　勾配がゆるいことからシングル葺きに

写真４－６　防湿フィルム敷込

写真４－７　浴室からの漏水による

2 地盤改良と土留

地盤の代表的な被害が不同沈下です。不同沈下は軟弱な地盤、埋土地盤などで起こりやすい事故です。写真〔4－10〕の建物は約15㎝程の不同沈下を起こしていました。原因は、後から埋土した60㎝程の砂地盤が緩み沈んだのです（隣地との敷地高低差は約60㎝）。

場所が狭く機械を使用できないことから、手作業によらなければなりませんでした。まず室内側の床をはがし、地盤を約60㎝程すき取り、地盤改良を行いました〔写真4－12〕。

写真4－10：不同沈下15㎝

写真4－11：ML金物にてジャッキアップ

約１２０kg／㎥のポルトランドセメントをまぜながら締め固め〔写真４－13〕、内壁側に基礎を設け、土台を敷き、柱を立て、内壁を設け〔写真４－15〕、二重の壁としました。そして、床下は防湿コンクリート〔写真４－14〕、２階床はブレースで水平構面の補強をしました〔写真４－16、17〕。外壁はサイディングに変えることから接合部の補強後、断熱材を入れ、構造用合板を下地貼りとして耐力壁を設けています。

この地盤は傾斜を伴った砂地盤です。そのため敷地の低い側を埋土し、建築をしていました。しかし埋土の締め固め不足、あるいは基礎工事を行う時の地盤工事の不備により、不同沈下を生じてしまいました。

写真４－12：地盤改良後基礎の補強

写真４－13：地盤改良 120 kg／㎥ポルトランドセメント混入後固め

写真４－14：基礎の補強後、防湿コンクリート

この建物は30年ほど経ちますが、築5年ほどの時に購入したそうです。その時、すでに不同沈下を生じ、一度直しています。

しかし、地盤、基礎は補強せず、土台から上部の補修のみだったため、再沈下を生じ、今回の補強工事となりました。

写真４－15：内壁側に壁を新設

写真４－16：外壁構造用合板＋ブレース

写真４－17：水平構面の補強

3 土留、擁壁の補強

日本は山が多く、住宅も丘陵地に多く建っていますが、宅地は当然平らにして建築するから、隣地との間に高低差が生じます。ただし、写真のような大谷石〔写真4－21〕、またはブロック等、強度の期待できない材質で作られた土留が多くあります。この土留が崩壊してしまうと、被災地の事例で見たように、建物の転倒、あるいは崩壊につながりかねません。このような擁壁としての強度が期待できない場合は、敷地より30度勾配内に、建物の基礎のベースが入るように造る必要があります。したがって、建物の位置を離す、または基礎を深くするなどの検討をし、現場の状況にあった方法をとるべきです。基礎を深くすることにより、建物の荷重を土留めに負担させないようにします。土留が崩壊するようなことがあっても、建物には影響がないようにするためです。

写真では、外部からの基礎の補強〔写真4－18、19〕と、内部からの基礎の補強を行っています〔写真4－20〕。これはリフォーム方法、予算などを考え、効果的な方法をとる必要があります。もちろん前述したように、地盤改良もしなくてはなりません。

またコンクリート擁壁が、立ち上がり3mの場合は、地中のベースの幅も約3m程あります。当然、根切りをしてベースをつくるので、埋め戻しには注意が必要です。また、この上に建物を建てる場合は、埋土の上に建物が乗ることを考えなければなりません。

異質な地盤に建物が乗ることになります。埋土部分の沈下と、切土部分の沈下が異なることから、不同沈下を生じることが考えられます。このようにコンクリート擁壁だから安心だとはいえません。不備な土留が大変多く、よく調査をして建てる必要があります。

また擁壁の上にブロックを積み、埋土をしているケースなどもよく見かけますが、大変危険なことです。それこそブロックを積み、埋土をするということは、擁壁の上部を重くしていることになります。全く強度が期待できません。そのようなところには、速やかなブロック部分の撤去を考えなくてはなりません。

写真4－18：外部側を掘る前に柱を四カ所設け補強

写真4－19：外部から基礎を補強

写真4－20：内部から基礎を補強

写真４－22：中間部にむくみが出ている

写真４－21：大谷石による土留

上載荷重に耐えられない擁壁の対策
擁壁要否の限界こう配（宅造造令５条）

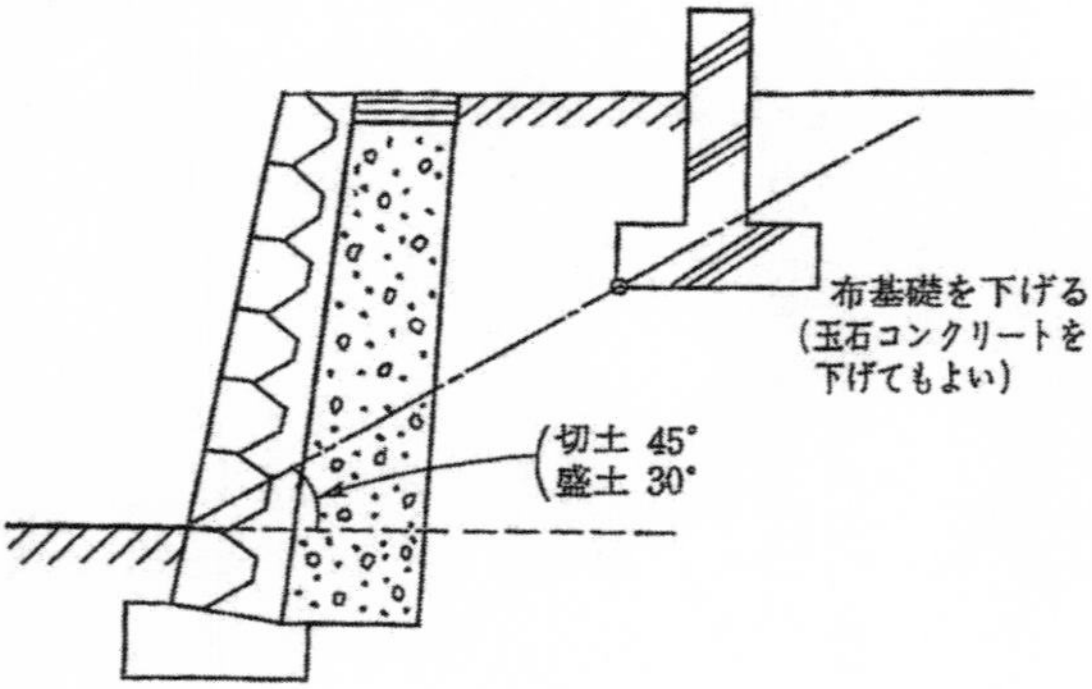

表４－１

土　　質		擁壁不要の勾配上限（1）	擁壁必要の勾配加減（2）
第１種	軟岩（風化の著しいものを除く）	60 度	80 度
第２種	風化の顕著な岩	40 度	50 度
第３種	硬質粘土・関東ローム・砂利類	35 度	45 度

《宅地造成等規制法・同施工令の技術的基準》

A. がけの定義〔宅造令1条〕

硬岩以外の土質30°以上の斜面をがけという。途中に小段があるときは図4－2による。

図4－2：がけ・擁壁の高さ

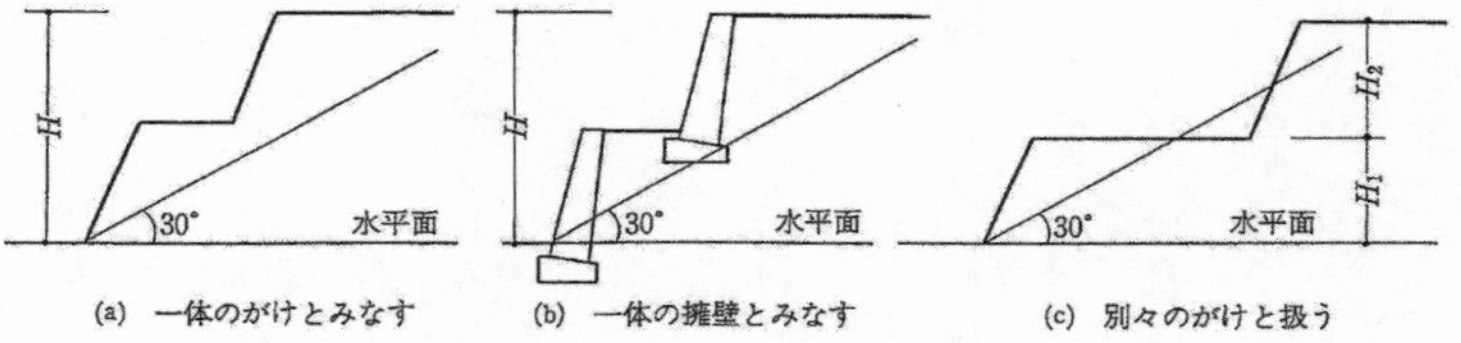

(a) 一体のがけとみなす

(b) 一体の擁壁とみなす

(c) 別々のがけと扱う

B. 地盤関係の基準〔宅造令4条〕

①がけ面の排水

がけ上部地盤面は原則としてがけ面と反対方向に勾配をとり、地表水を排除する施設を設ける。

②切土の安定

切土後の地盤にすべりやすい地層があるときには、土の置換え、杭打ちなどを行う。地層に傾斜があるときには層の境界に沿ってすべりやすく、特に地層の境界面に雨水が浸透して軟化したときが危険である。

③盛土の転圧

盛土地盤は、ゆるみ・沈下・崩壊が生じないよう十分締め固める。通常は20～30cmの厚さに分けて敷きならし、各層ごとに十分転圧する。

④盛土地盤の段切り

急傾斜地の盛土は、原地盤面との接触面がすべり面とならないように断切りを行う。

C. 擁壁の設置基準〔宅造令5条〕

①擁壁の設置義務

高さが2mを超える切土、高さが1mを超える盛土、切土と盛土を合わせて高さが2mを超えるがけには擁壁を設ける。ただし、風化の進んでいない硬岩盤は、法令の適用範囲外なので擁壁は不要である。

②切土の緩和規定

4　基礎の補強

既存建物の基礎を調べると、連続していないものをよく見かけます。基礎は、田の字型につなげてゆくことが、設計の基本です。しかし、既存建物の基礎は、玄関などで切られ、または内部の基礎の場合にも、連続しないものが見られます。湿気対策という理由も分からなくもありませんが、構造を壊してしまったのでは意味がありません。また布基礎のベースの厚さも残念ながら薄い基礎が多く、ベースの厚さが12㎝（現在は15㎝が基本）に満たない基礎も数多くあります。

したがって、地耐力の検討をしてみると、基礎の補強が必要なケースが多くありますが、基礎に問題がある場合は、クラックなどが出ているので、よく観察すると分かります。

写真は玄関の柱が独立基礎（基礎ともいえない）になっていて、その上に2階が乗っています。そこで基礎を設け、耐力壁を設置しました。このように耐力壁を設ける場合には、基礎を作らなければなりません。

写真４－25：耐力壁ブレース＋構造用合板

写真４－23：既存玄関

写真４－26：板貼りからサイディング貼り

写真４－24：基礎の補強

5 耐力壁の補強

地震力の検討は、壁量を中心に行います。したがって、耐震性能はどのような壁が、どの程度配置されているかによりますが、バランスにも配慮しなければなりません。偏心率（建物の重心と剛芯の距離）が大きくなると建物に歪みを生じます。ここでは耐力壁の検討をする時の注意事項を箇条書きにしてみます。

1. 壁倍率1.0とは、２００kg／mの強度を有する壁です。
2. 耐力壁の壁倍率の最大値は5.0倍までです。
3. 耐力壁線を８m内に構成する（建物の配置に基づき耐力壁の配置を行う）。
4. 各スパンは40㎡以内とする。
5. 原則として４m以上の開口部としない。
6. 建物の各面ごとに¼は壁を設ける。
7. 耐力壁の下には基礎を設ける。
8. 耐力壁（筋かいなどのある強い壁・壁倍率2.0倍以上の壁）にはアンカーボルトの取り付けをし、土台の浮き上がりを防ぐ。
9. 耐力壁はバランスよく配置する。

耐力壁の種類

・筋かい　圧縮筋かい 30×90、45×90、90×90cm
　　　　　引張筋かい 15×90cm

・ブレース　鉄筋によりクロス状にする

・面材　構造用合板、他

写真４－27：ブレースによる耐力壁の増設

写真４－28：板の斜貼りによる補強

写真４－30：内部からの補強

写真４－29：耐力壁の外部からの補強（ブレース＋構造用合板）

6 接合部の補強

木造住宅は４ｍ程度の長さの木材を組み合わせて造るので、接合部ができます。今までは、このような接合部をいろいろな組み方により強度を実験してきました。どのような加工方法によるかによって接合部の強度も異なります。接合部分はどうしても弱くなりがちなので、加工だけでなく金物の補強が必要になります。金物が利用されるようになったのは最近の話ですが、金物などを利用して補強するのは効果的です。まず施工慣習上の問題点をみてゆきます。

1. 柱脚、柱頭の接合… 筋かい端部の接合方法が釘による（公庫仕様ではカスガイ）、平成12年に告示１４６０号が定められ、金物の使用が定められた。
2. 梁の接合部…羽子板金物による接合が必要。
3. 火打梁の位置と接合部…継手の近くには火打梁を取り付けない。
4. 横架材の継手…千鳥に接合し同スパンでは行わない（同じ位置で継いだ場所が揃っていることが多い）。
5. 垂木の接合…軒の出が大きければ、釘だけでなく金物が必要。
6. 構造用合板の接合法…釘の種類、ピッチ、受材の有無と寸法。
7. 金物の種類は補足資料を参照。

写真 4 － 31：柱脚部の補強

写真 4 － 32：耐力壁の仕口部の補強

写真 4 － 33：梁の仕口部の補強

写真 4 － 34：出隅部の柱の補強。柱・横架材の補強

などの調査が必要になりますが、調査の時にみる事のできるのは一部でしかありません。したがってリフォームの時が接合部の調査・補強のよい機会です。

特に問題が多いと思われるのが、調査時にはみる事の出来ない1階柱脚部の接合です。アンカーボルトの接合位置、座金、柱脚部の接合の補強が必要です。これらは軸組工法の問題点のひとつです。

接合金物の強度とは、金物の強度ではなく、金物を留めている接合部（釘・木ねじ）の強度です。

写真４－35：羽子板金物にボルトが無くボルトの穴にスクリュー釘で留められている。

写真４－36：羽子板金物の接合にはスクリュー釘１本、梁の受けには板を鉄釘２本で留めている。危険な施工である。

写真４－37：梁の両サイドからML金物を取り付け、それを利用してブレースにより水平構面の補強。梁受けはFH金物を梁下に取り付け補強した。

7 水平構面の補強

既存の軸組み構造の欠点のひとつに、水平構面（床剛性）があげられます。これまでの2階の構造は、和室が中心でした。和室の床は荒床（15㎝前後の幅の板）が使用されてきました。

しかし、昭和40年頃からは、フローリングの床が多く使われるようになってきました。フローリングは、通常和室の床より3㎝下げて床板を張りますから、12㎜のフローリングを張った時に、下の根太は、梁天端の上から3㎝程浮いています。したがって床板は根太のある所だけしか釘が留められないことになります。それもフローリングは仕上げ材ですから、フローリングの実《さね》の部分から斜めに、細い釘で留められているだけです。したがって強度は期待できません。

和室の床はまだよいとしても、洋間、廊下などのフローリングを貼ってある部分の水平剛性は期待できません。

本来は、横架材の上に直下に構造用合板を貼り、N50の釘を15㎝ピッチ間隔で打ってゆかなければなりません。そして、その上にフローリングを貼ることが望ましいのです。

この場合、水平構面の補強方法は2階床の上からブレースを入れ〔写真4－39〕、構造用合板を貼るなどの方法が考えられます。1階の天井からもブレースを入れるなどの補強を行うことができます〔写真4－38〕。また構造用合板を貼る場合には、横架材と隙間がないように、またある場合は、その隙間がなくなるように受材を入れて施工をしなければなりません。

写真はブレースによる補強の様子ですが、上は1階の天井を撤去し、ML金物とブレースを取り付けて補強しています。下の写真は2階の床をはがし、ML金物を取り付け、ブレースの補強をしています〔写真4－39〕。そして、この上から構造用合板を貼ります。

写真4－38：1階天井からの補強

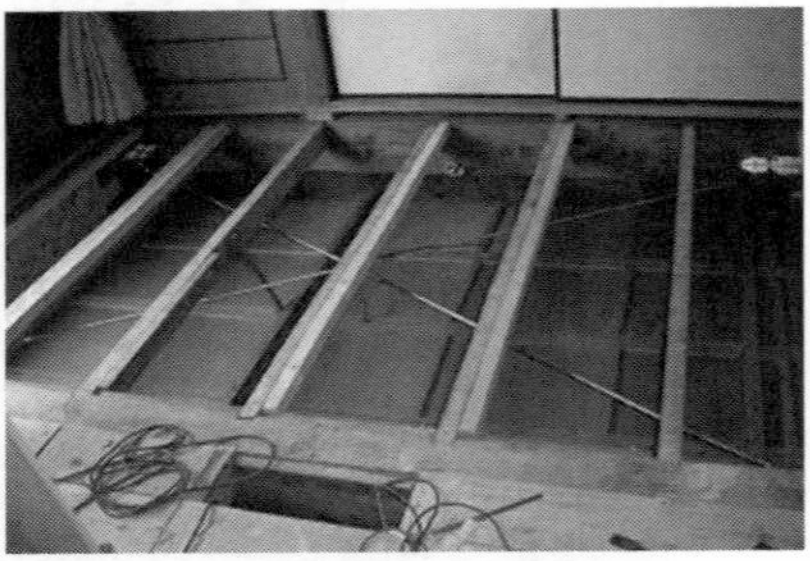
写真4－39：2階床からの補強

8 梁の補強

調査をする時に、最も注意しなければならないのが、2階床の問題です。2階の床が下がり、ドアの開閉ができなくなっていたり、床の下がりが異常な場合は、梁のたわみ（梁の配置や断面寸法のミス）を疑わなければなりません。

また、リフォームの際、柱を撤去しながら、梁の補強をしなかったために床が下がってしまった、という構造上のことをまったく考えない施工が意外と多いのです。このような場合の梁の補強ですが、注意しなければならないのは、まず状況を正確に把握することから始めなければなりません。梁の補強にだけ、意識を向けるのではなく、梁に掛かる力の流れを検討する必要があります。一本の柱に荷重が集中することにも、注意をしなければなりません。また接合状況にも配慮して、どのような補強方法が望ましいか、現場の状況をよく理解しなければなりません。一般的には、既存の梁の下に受け梁を入れるか、柱を設け、梁の補強をします〈写真4－40、41〉。また、写真〈4－42〉では、溝形鋼を使って既存の梁を西側から挟み込み、ボルト締めによる補強方法をとっています。天井の懐がない場合は、下端に梁を入れることができないことから、このような方法を取ってゆくのです。

またオーバーハング（2階が1階より出ている）により、2階床の先端部が下がってしまったための補強ですが、梁が小さく、2階の床が弱いことから、既存の柱・

梁の脇に新たに柱・梁を取り付け、部屋の中央部分から梁を持ち出す方法をとっています〔写真4－43、44〕。

それだけではなく、2階の床板を24㎜の厚い合板を貼り、補強をしています。2階の床板を強くすることは、荷重の分散が図れることから、効果的な補強方法といえます。その他注意すべきこととして、補強梁の接合方法です。接合方法を間違って取り付けた場合には、予定した強度が見込めなくなるので、接合方法にも十分注意を払う必要があります。

写真4－40

写真4－41：木材による梁の補強

写真4－42：みぞ型溝による梁の補強

オーバーハングの補強

写真4－43

写真4－44

9 屋根裏換気

調査に行ったとき、２階の部屋が暑いというのはよく聞く話です。日本の夏は湿度が高く、日射も強く、通常でも屋根の輻射熱により、２階部分の温度は高くなります。

特に平板状のコロニアルや鉄板葺きの場合は、熱の遮断性も小さく、和瓦と比べると屋根裏に熱がこもりやすくなります。和瓦の場合は、素材も石綿系の屋根材よりも断熱効果が高く、また瓦の波型により通気がよいので、輻射熱を抑える効果があります。したがって、よく瓦は重いから地震のときに不利であるという理由で、軽い屋根材に取り替えたということを見聞きしますが、地震のことだけで屋根材を選択するのは軽率な気がします。材料の持つ長所、短所をよくみきわめた上で判断してほしいものです。しかし、瓦であっても小屋裏に熱はこもりますから、小屋裏内部の換気には注意が必要です。

小屋裏には外部からの輻射熱だけでなく、内部から上がってくる湿度、屋根面に生じる結露などにより、小屋裏の湿度が高くなることがあります。

写真の建物には小屋裏に給気・排気がほとんど見られず、軒天に小さな通気口がありますが、塗装によりほとんど網の目は塗りつぶされていました〔写真４－46〕。

小屋裏に入るとムっとするほど湿度が高く、木材の表面にもカビが見られます

〔写真４－47、48〕。

まず各面の軒天に吸気口を取り付け、温度だけでなく、小屋裏に溜まった湿度を、棟部に排気口を取り付けることで換気を改善した例です〔写真４－49、50〕。

写真４－45：北側部分には軒天換気口は見当たらない。

写真４－46：一部に小さい軒天換気口はあるものの、網は塗装により潰れ、無きに等しい。

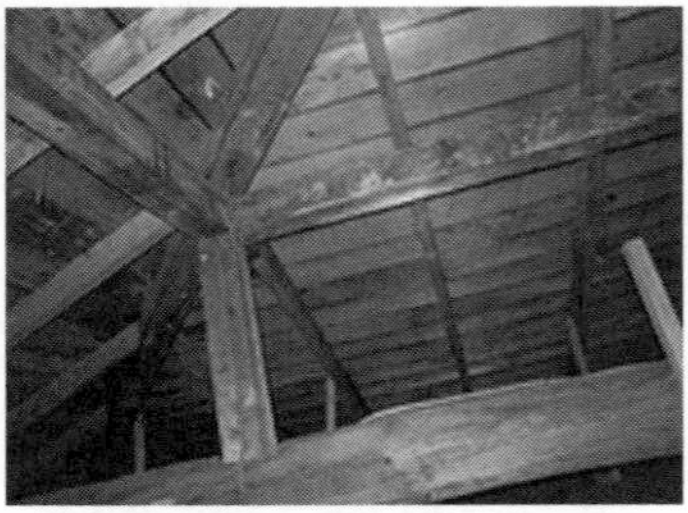

写真４－47：小屋裏の湿度が高く、結露なども見られる．また木材表面にはカビも見られる。

写真４－48

写真４－49

写真４－50：棟換気の取り付け

10 屋根・外壁の改修

木造住宅の外装の仕上げは、年代により変わっています。伝統工法でよく見られる屋根は、藁葺きか瓦屋根です。第二次大戦後は藁葺き屋根はほとんどなくなり、瓦屋根、鉄板葺、セメント瓦などの屋根材が見られるようになりました。また、昭和30年代後半より彩色石綿版なども使われるようになってきました。

外部の開口部は、昭和40年代頃より、木製建具から金属製建具に変わってきました。外壁は小舞壁下地の上に板貼り、トタン貼り、同じ板貼りでも、古くは板を鎧状に横貼りにした南京下見貼りでした。その後、昭和30年代の後半より、板貼りも横貼りから竪貼りに変わってきました。また外壁モルタルの建物もこの頃から多く見られるようになってきました。

このように屋根、外壁の仕上げも時代と共に変化してきています。屋根の仕上げも和瓦は耐久性が高いといえますが、その他の材は瓦より耐久性が劣りますから、30年程たつと、貼替えも必要になります。貼替えの時には、野地板の劣化状況を確認する必要があります。

次に耐震性能の面から考えると、外壁の板貼りは耐震性能が弱いことから、筋かいに依存することになります。またモルタル壁は建築基準法では評価されていませんが、耐震診断では壁倍率1.0（２００kg／m）程度の強度が認められています。しかし、よく間違われているのが、モルタルの下地の板となるラス下地と木摺りです。壁倍率0.5倍が認められているのは木摺り（以前は壁倍率1.5倍として認められていた）の場合で、ラス下地ではありません。ラス下地の耐震性能は期待できませんが、モルタル壁には一定の強度が認められます。しかし、30年前後経つとモルタルを留めているラス網の劣化が見られるようになるから、モルタル壁の耐震性の評価は難しいところです。

そのような意味から、築30～40年は、屋根・外壁のリフォーム時期といえます。屋根のリフォームを行う時は、劣化と水平剛性、換気、断熱などの問題も考えて行うことが望まれます。

外壁の場合は劣化をよく調べ、外壁下地の様子を検討する絶好の機会となります。したがって、構造的には、耐震性能に基づき、筋かいのチェックや構造用面材の張替え、接合部の補強、断熱材、結露対策、防火性能の向上など、いろいろな問題を解決する機会となります。どのようなリフォームになるのか、腐ったところに蓋をしてしまうリフォームになるのか、リフォームの方法によっては曲がり角になる時です。耐震性の向上だけでなく、耐久性の向上になるような、構造リフォームを第一に考えてほしいものです。

11 伝統工法の大規模改修

建物概要

ここに取り上げた既存建物は、母屋が１９１９（大正８）年新築、離れは１９３１（昭和５）年に建築され、納屋と車庫の部分は明治時期に建築されたもので、劣化も著しい状態になっていました。

計画は、母屋・離れ〔写真４－51、52〕を残し、納屋、車庫は撤去することにしました。水周りは増改築部分に置き、現代的な設備機器に替え、機能性も確保することとしました。離れは１階客間、２階子供部屋でしたが、２階は書斎、寝室にするなど、多少の間取り変更をしながら、耐力壁の増設、水平構面、接合部などの補

写真４－51：離れ外観（改修前）

写真４－52：納屋などの撤去後の様子

強を行いました。

基礎は独立基礎をベタ基礎とし、柱脚部は劣化が進んでいる部位もあったことから、柱脚部を切断し、新設基礎の上に土台を敷設しました〔写真4－53、54〕。

写真4－53：母屋。床下撤去後の様子

写真4－54：基礎工事後。土台据付

改修概要

耐久性の向上、バリアフリー、断熱、地盤は断丘堆積物礫層であることを確認しました。また、周辺地盤は平坦であることから、不同沈下の恐れはないとの判断をし、基礎はベタ基礎としました。

劣化対策

劣化は柱脚部に多く見られました。丸太梁にも、部分的に松食い虫などによる劣化が認められました。

また、野地板、外壁の板などにも劣化がありましたが。瓦は、既存の瓦を取り外した後、再利用した部分と新しく瓦を新設した部分があります。それぞれ瓦工事を行うときに、野地板の劣化部は取替えました。

外部建具は木製建具から金属製建具に、外壁板は防火性、断熱性能の向上を重視し、外壁材を選定しました。

軸組構造

基礎は、鉄筋コンクリートベタ基礎とし、その上に土台を敷設し、柱脚部の足固めをしました。

また、接合については、大正末期の母屋側には、横架材の接合に羽子板金物が使われていませんでした。10年後に建てられた離れには、羽子板金物が認められたことは注目したいところです。

筋かいは母屋側では見られませんでしたが、離れには取付けてありました。同じ大工が施工しましたが、大正時代から昭和初期の10年間で、木造住宅の構法上の変化を見た思いがしました。

補強工事は柱脚部の根固め後、耐力壁をブレース、筋かい、面材により構成し、母屋、離れの壁に配置しました。

接合部も各仕口、継手部に金物による補強を行い、水平構面は2階床の張り替えに伴い、構造用面材により床剛性を高め、その上に仕上材を貼りました。

耐力壁の配置

母屋は農家型の民家の建物です。田の字型状の間取りを基本とし、2階は小屋裏となって、養蚕が営われていたと思われます。したがって壁は少なく、部屋の境は建具で仕切られていて、南北面も壁はほとんどありません。

計画ではバランスを配慮して耐力壁を配置しました。

離れは母屋と用途も異なり、1階に客室、2階に子供部屋を配置した、日の字型のプランとなっていました。壁も偏心は大きいが母屋よりは多く、筋かいも見られました。しかし、壁の配置バランスなどの配慮は見られないことから、壁の配置バランスを心掛けながら、耐力壁を配置しました〔写真4－55〕。

写真4－55：内壁柱脚部の根固め（母屋にて）

12 大規模改修の建物

（なぜ構造リフォームを選んだか）

現状

昭和39年に新築した木造住宅、その後昭和55年に２階を増築（お神楽）したため、不同沈下を生じてしまいました。

リフォームの主たる目的

耐久性・耐震性・設備などのリフォームを行い、建物を今後30年程度は使ってゆきたい。

リフォームの内容

1. 劣化対策（雨漏り・腐朽・蟻害）として耐久性の向上
2. 不同沈下の修復
3. 基礎の補強
4. 耐震性能の向上
5. 防湿対策
6. 断熱性の向上

7. 電気配線・給排水管の取替え
8. 厨房・浴室・便所・洗面所の改修
9. バリアフリー化

などの問題の改善を目的に行いましたが、出費できる費用にも限りがあるので、新築費用の60~70%前後を目安に計画をしました。

そのため1階はスケルトン状態にし、基礎の補強・増築などを行いましたが、2階はできるだけ手をつけず、工事中も2階に住みながら工事を進めました。

大規模改修のひとつのモデルではないかと思います。難しいのはどこでリフォームを止めるかです。

リフォームの目的にはいろいろありますが、予算を配慮して、将来の生活設計を検討し、リフォーム内容を決めてゆかなければなりません。

リフォームの内容が多くなればなる程、新築かリフォームかで迷うことになります。

今まで大半の人たちは、リフォームの費用が、新築の50%程度になるようだったら新築を選ぶという人が多かったようです。

理由は、せっかくそこまで費用を出すならということですが、考え方は「もったいないから新築する」と答える人が多いのです。

これを欧米の人に聞くと、「もったいないから直す」という言葉が返ってきます。どちらが正しいかという問題よりも、歴史、文化の違いによると思いますが、それだけでなく、個別の生活設計と工事を行う目的によるものだと思います。

生活設計については、個々の問題です。

耐用年数の考え方には、物理的耐用年数（本来所有する耐用年数で、70年から100年と思われます）と、社会的、経済的耐用年数の考え方があると思います。

もちろん、新築を否定するつもりはありませんが、木造住宅はまずはじめに直すことから考えるべきです。現在の日本は住宅が大量に余っている時代です。技術屋の立場から言いますと、新築を考えざるを得ないケースとは、

一、建築してはならない場所に建っている。特に地盤の問題を抱えている場合。

一、用途変更により法律的規制がある場合。

一、敷地が狭く、階数を増やして面積を増やすなど、構造上の問題がある場合。

等の問題があり、リフォームでは計画が困難な場合です。もちろんその他にもいろいろなことが考えられます。新築でないと問題が解決できない場合もありますが、しかし、かなりの問題がリフォームにより解決できるのです。

グローバル化した現在では、日本だけの個別事情は通用しません。むしろ地球温暖化は待ったなしです。そのような面からも、日本の住宅の耐用年数を考え直すときにきていると思います。

写真４ － 56：防湿フィルム敷込み

写真４ － 57：床断熱敷込み

写真４ － 58：２階床梁の補強

写真４ － 59：不同沈下による基礎の破断（増築部分）

写真４ － 60：土台部分の劣化部

写真４ － 61：２階増築時の抱き柱と独立基礎

写真４ － 62：基礎の補強

写真４ － 63：補強後

13 足元補強

建築業界に入り50年間、木造住宅の新築工事・リフォームの業務を行ってきました。その中でこれまでに約６００件程の既存建物の『構造調査』を行ってきました。また、地震が発生すると震災地へ赴き、震災地における被害調査を行ってきました。その経験を踏まえ、常に疑問を感じてきたのが、木造住宅の耐用年数です。また、リフォームの方法論やマニュアル不足の問題です。これまでの経験からも木造住宅の30年耐用年数の根拠は不明確です。論理性も認められません。高度経済成長期に、経済政策上、住宅着工戸数を増やす目的から派生した考えと思います。耐用年数の考え方は、木造住宅の技術論や既存建物の検証によることからでなく、別の次元からの発想によるものだと思います。

ここで耐用年数論を書くつもりはありませんが、ただ建築年数について、30年経ったから建て直す、という考えは改めるべきだと思います。

木造住宅は直しながら使ってゆくものだと考えます。なぜならば、新築よりは安価に修理することが可能だからです。そして、そのためにはどのようなリフォームを行うことが一番効果的であるのかは、木造住宅の特に一番問題点の多い部分の工事を行うことが望ましいことなのです。

その部分というのは、外周壁の下部の問題です。

この下部の構造リフォームを行う、これが「足元補強」です。

限られた予算の中で何を優先するかということです。詳細は添付写真（写真4－64～71）を見ていただければと思いますが、その為には『構造調査』が必要になります。

まず、既存建物の劣化対策、軸組部の接合部の補強、構造的に最も力の流れの集まるのは外周壁下部です。そこに力の流れを作ることが目的です。

また、既存の軸組工法の建物においては、土台の上に乗ってくる柱の軸力は、柱に集中しているので、基礎荷重にも集中します。また不規則に入れられているアンカーボルト、また座金の緩み、基礎の負担の軽減のためにも、外周下部に面材による補強を行い、集中荷重の分散化を図り、基礎への負担を軽減することを目的とした工法です。実験では壁倍率0.4／m程度の壁耐力を得ることは可能だと思います。

しかし、正確な効果を得るためには、正確な施工が必要になります。現在は研究会を発足し、構造リフォームの啓蒙活動を行っています。また講習会、実験、実践を通じ、技術の研鑽にも努めていますが、何よりも職人が向上心を持ち、取り組む姿勢を大事にしたいと考えています。

写真４－64

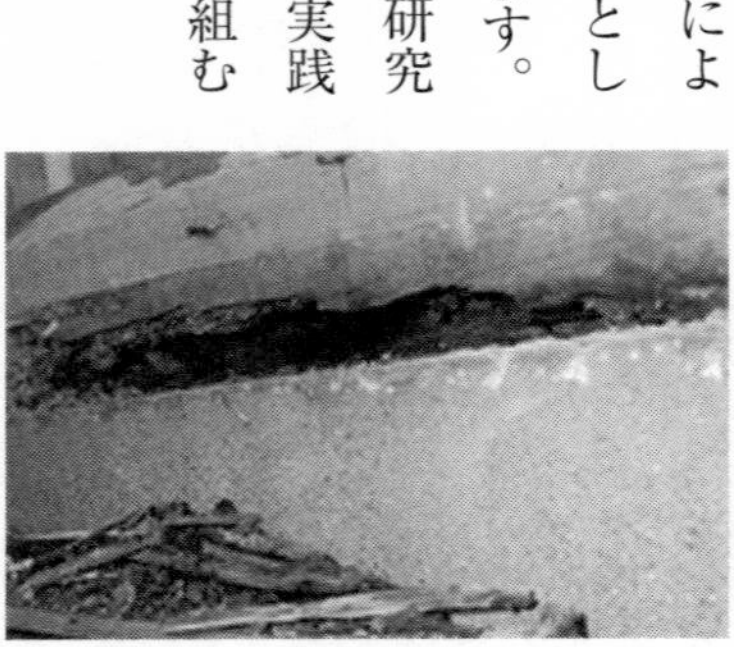
写真４－65：土台部分の腐朽

写真4－66：浴室外壁、
蟻害も見られます。

写真4－67：劣化部の撤去

写真4－68：台所、柱脚
部の根継ぎ

写真4－69:劣化部取替後、アンカー
ボルト、柱脚部の補強

写真4－70：工事中の様子

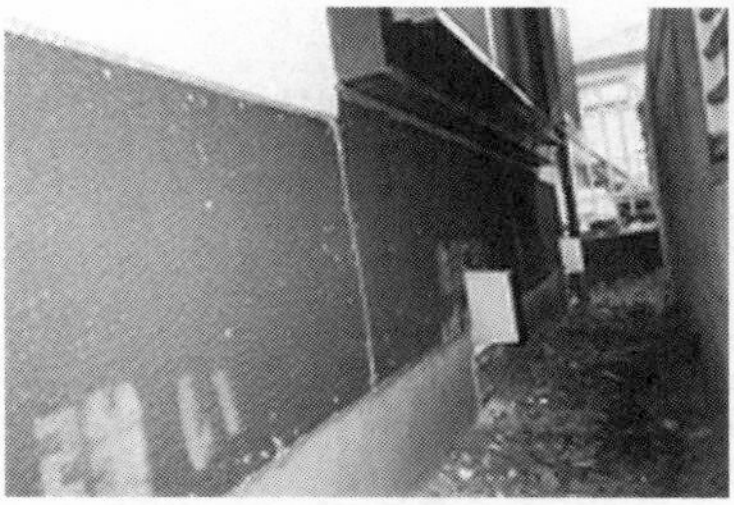

写真4－71：構造用合板貼り

14 耐震補強と工事費用

一番気になるのは恐らく工事費用のことではないかと思います。ここでは耐震補強と工事費用について考えたいと思います。耐震補強が進んでゆかない理由の一つに、工事費用が不明確であることが上げられます。

耐震補強は特別なことをやると思われがちの面もありますが、リフォームの一環として予防的処置を講じると共に、震災被害における、応急処置及び、改修工事に応用できるようでなければならないと思います。

原則的には耐震補強と応急処置、補修工事が一貫性を持った工法が望ましいと思います。

① 耐震補強工事と費用の考え方

耐震補強工事で最も問題となるのが見積り方法です。耐震補強の場合は、建物の壁の中は見えませんが、その壁内の様子を考慮して見積りをしなければならないからです。したがって、補強方法と補強場所を明確にします。

そのため、簡易で効果的な補強方法として、建物の外周壁下部を補強する方法があります。私は、「足元補強」と称しています。足元補強の見積り法は、m当りの単価、耐力壁の補強は、内壁から、または外壁からの補強の場合も、一ヶ所の単価として見積りしています。

② 補強工事の内容

●足元補強工事の工事内訳

・既存壁の剥離・養生・処分費
・防腐剤塗布（ヒバ油）
・アンカーボルトの補強・座金取替え
・柱脚、筋かい端部の金物取り付け
・受材取り付け、面材（構造用合板等）貼り
・仕上げ 但し剥離工事部分のみの補修とします。

●別途工事

・周辺の片付け、荷物、配管なども含む
・劣化部分の取り替え工事

壁の補強

外部側からの補強

耐震補強の場合には、居住しながら行うケースが多いことから、外部側から工事を行った方が望ましいといえます。既存建物の筋かいが釘接合の場合は、外部側か

ら行われていますから、接合部の状況なども確認できます。

工事の方法は足元補強工事の方法とそれほど変わりませんが、壁の補強をするから、土台から胴差（桁）まで行います。補強方法は柱頭、柱脚にML金物（三角形状の金物）と筋かいや鉄筋ブレース（壁倍率1.0）を取り付けて壁を構成します。この場合にもアンカーボルトの補強、座金の取替えを行い、受材を取り付けて構造用合板を貼ります。もちろん既存筋かいがある場合には、金物補強を行うことも必要になります。

その後、外壁の仕上げ補修を行います。この場合の施工方法は足元補強に準じますが、足元補強との違いは、足場などが必要になってくることです。また別途工事は足元補強と同様に考えます〔写真4－31〕。

内部からの補強

外部からの補強工事が行えない場合、または内部からのリフォームの時に合わせて、壁の補強を行う方法です。内部から補強する場合、天井、床を剥がし、土台から胴差（桁）に筋かいを取り付ける、または構造用合板を張ることが原則です。しかし、それでは大掛かりになり、工事費用もかさみます。また居住しながらでは困難な場合もあります。そこで天井、床を取らずに補強効果をあげる工法を考案しました。

ＭＬ金物＋ブレースによる補強をし、その上に天井から床まで構造用合板（面材）を張る工法です。柱頭柱脚にＭＬ金物を取り付け、天井から床まで構造用合板を張った場合の実験値では、押し3・35、引き3・08倍。よって壁倍率は、構造用合板の2.5倍率を採用しています。これは１９９７年の日本建築学会において発表しています。

なお、この工法は内部のリフォーム時に併せて行うことができます。リフォーム時に行う場合には、仕上げ補修費用を差し引くことができます。

●別途工事

・荷物の片付け
・劣化部分の取り替え工事（木材と手間など）

15 新築・リフォームの費用の比較

新築とリフォームを比較することは、年代により目まぐるしく建築備品が変化し、物価もかなり変わっています。建築基準法も改正されましたし、一概に比較することは難しいのです。例えば、最近の厨房器具はシステムキッチンに、浴室などもユニットバスが主流になっています。また、内外装の変化も著しくなっています。電気工事にいたっては、配線量はおそらく2倍以上でしょう。

したがって、比較するにあたり、建築仕様は現在の新築建物を想定することを前提としました。工事費も、新築時の一般平均と思われる坪70~80万円程度の単価で、坪数は35坪を基準としています。

大規模改修はA・Bのグループに分けました〔表4－4、5〕。また、耐震補強工事費はA・Bのグループでは本工事内に含めています。

また補強工事においては、耐力壁の補強及び足元補強とに分けました。

多少の無理はあると思いますが、工事金額の内訳を見ていただき、構造リフォームの考え方を理解して下さい。

●新築工事費を100％（2500万円）とした場合

足元補強工事　約5％（劣化を中心とした補強工事）

耐震補強工事　約10％（評点1.0程度を想定）
大規模改修Ａ　約60％
大規模改修Ｂ　約80％
（表４－２～５を参照）

例えば大規模改修Ａのグループでは、新築費の60％の費用でリフォームでき、１０００万円の差額が生まれることになります。この違いは将来の生活設計にも随分と影響するのではないかと思います。

木造住宅の耐用年数は築年数で考えるものではありません。またこのように木造住宅は直しながら住んでゆくことが十分可能なのです。

もちろん、リフォームは、構造だけでなく、断熱、バリアフリー、シックハウス等の性能の向上を図ることも行わなければなりません。

新築とリフォームの費用比較

既存建物概要

築年数	３０年	
概　造	木造２階建て	
延　床	35 坪（116 ㎡）	1 階 17.5 坪（58 ㎡） 2 階 17.5 坪（58 ㎡）
屋　根	瓦	
外　装	モルタル	

大規模改修 A	大規模改修 B
間仕切変更なし	間仕切変更あり
外装　50%	内外装　全て
内装補修	
設備・電気	設備・電気
耐震改修	耐震改修
基礎の補強	基礎の補強
金・木製建具の一部取替	金・木製建具の取替
等	等

表４－２：足元・耐震補強工事費

	平均費用
足元補強工事	1,300,00
耐震補強工事（壁+基礎）	3,000,00

表４－３：新築費用

	新　築	
項　目	費用	費用比率
解体工事	1,500,000	6.0%
仮設工事	1,000,000	4.0%
基礎工事	1,400,000	5.6%
木工事	6,000,000	24.0%
屋根工事（板金工事）	1,000,000	4.0%
外装工事	2,000,000	8.0%
左官工事	150,000	0.6%
金属製建具工事	1,300,000	5.2%
木造製建具工事	800,000	3.2%
設備機器工事	900,000	3.6%
厨房工事	800,000	3.2%
塗装工事	100,000	0.4%
内装工事	1,700,000	6.8%
クロス工事	700,000	2.8%
タイル工事	100,000	0.4%
雑工事	450,000	1.8%
電気工事	1,000,000	4.0%
給排水工事	1,500,000	6.0%
運搬費	600,000	2.4%
諸各費	2,000,000	8.0%
合計	**25,000,000**	**100.0%**

表４－４：大規模改修Ａ　費用

	大規模改修A		
項　目	費用	新築との差	減額率
解体工事	450,000	▲ 1,050,000	70.0%
仮設工事	500,000	▲ 500,000	50.0%
基礎工事	280,000	▲ 1,120,000	80.0%
木工事	3,000,000	▲ 3,000,000	50.0%
屋根工事（板金工事）	200,000	▲ 800,000	80.0%
外装工事	1,000,000	▲ 1,000,000	50.0%
左官工事	0	▲ 150,000	100.0%
金属製建具工事	1,300,000	0	0.0%
木造製建具工事	400,000	▲ 400,000	50.0%
設備機器工事	720,000	▲ 180,000	20.0%
厨房工事	800,000	0	0.0%
塗装工事	100,000	0	0.0%
内装工事	1,360,000	▲ 340,000	20.0%
クロス工事	700,000	0	0.0%
タイル工事	0	▲ 100,000	100.0%
雑工事	450,000	0	0.0%
電気工事	800,000	▲ 200,000	20.0%
給排水工事	1,200,000	▲ 300,000	20.0%
運搬費	300,000	▲ 300,000	50.0%
諸各費	1,000,000	▲ 1,000,000	50.0%
合計	**14,560,000**	**▲ 10,440,000**	**58.2%**

表４－５：大規模改修Ｂ　費用

	大規模改修Ｂ		
項　目	費用	新築との差	減額率
解体工事	1,005,000	▲ 495,000	33.0%
仮設工事	630,000	▲ 370,000	37.0%
基礎工事	812,000	▲ 588,000	42.0%
木工事	3,840,000	▲ 2,160,000	36.0%
屋根工事（板金工事）	250,000	▲ 750,000	75.0%
外装工事	2,000,000	0	0.0%
左官工事	150,000	0	0.0%
金属製建具工事	1,300,000	0	0.0%
木造製建具工事	800,000	0	0.0%
設備機器工事	900,000	0	0.0%
厨房工事	800,000	0	0.0%
塗装工事	100,000	0	0.0%
内装工事	1,700,000	0	0.0%
クロス工事	700,000	0	0.0%
タイル工事	100,000	0	0.0%
雑工事	450,000	0	0.0%
電気工事	800,000	▲ 200,000	20.0%
給排水工事	1,305,000	▲ 195,000	13.0%
運搬費	525,000	▲ 75,000	12.5%
諸各費	1,750,000	▲ 250,000	12.5%
合計	**19,917,000**	**▲ 5,083,000**	**79.7%**

新築とリフォームの工事費対比

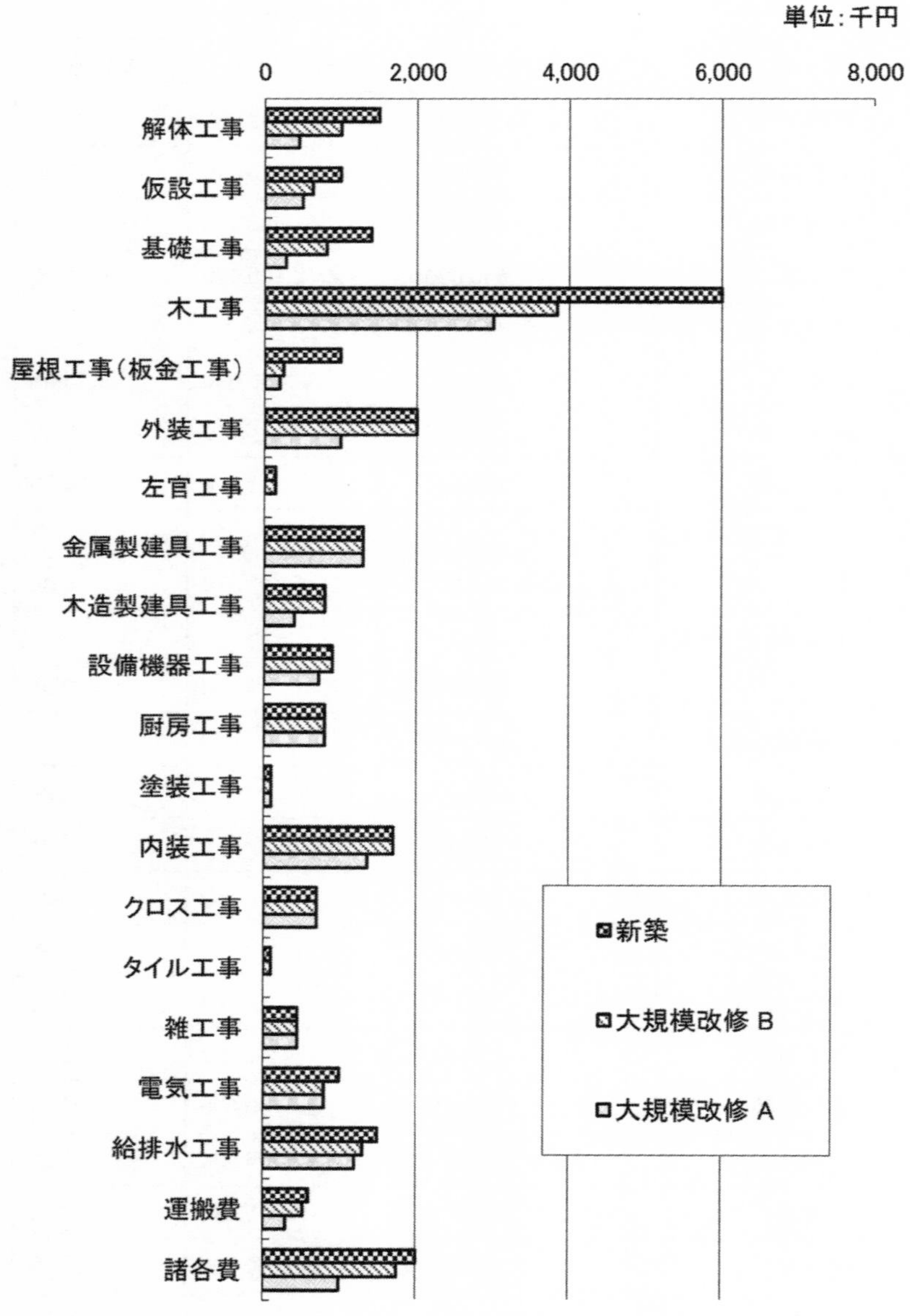

第五章
補足資料

1. 日本近海のプレート図

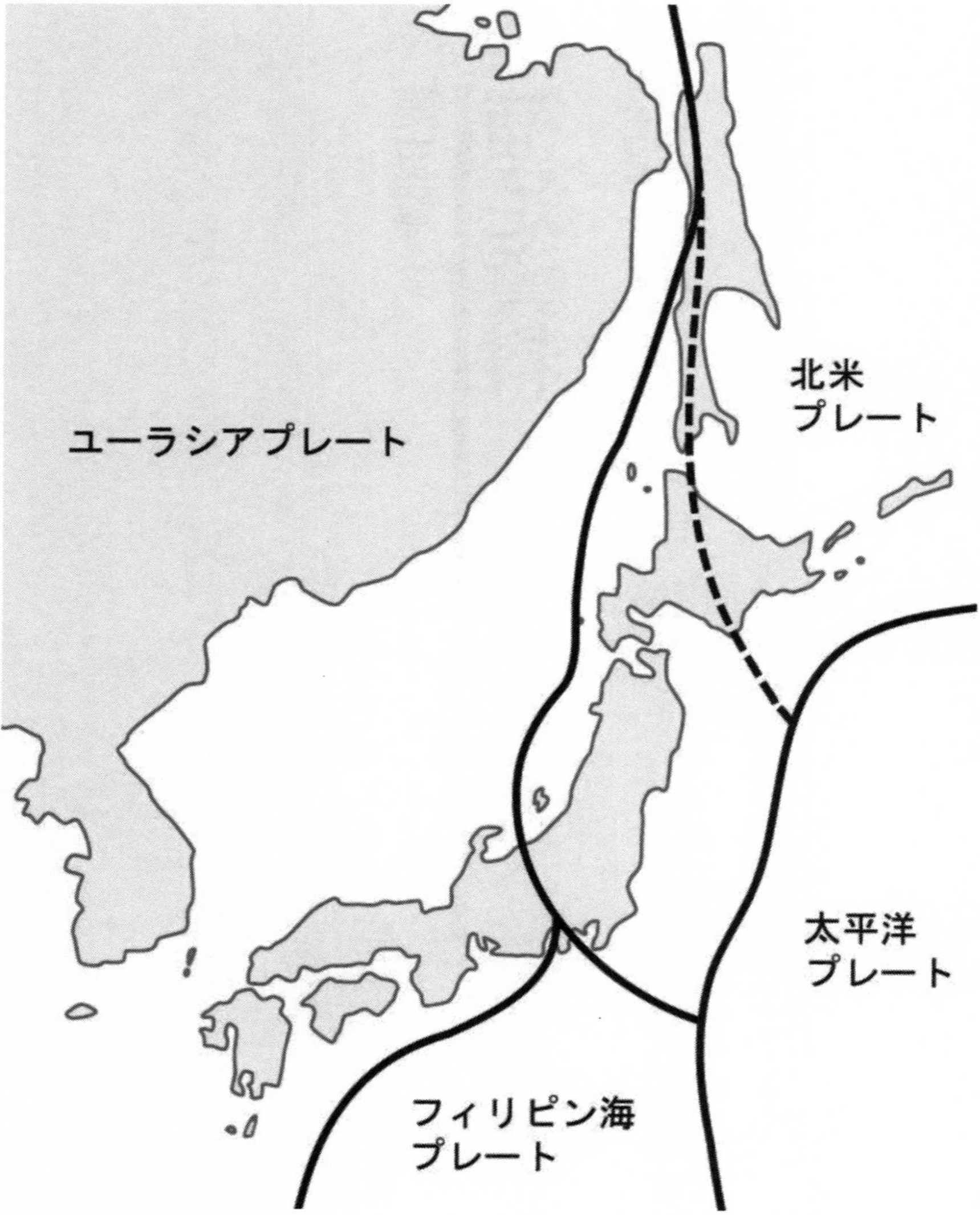

2. 日本の被害地震（理科年表他による）

発生年	地震名	規模	被害状況
明治24年 (1891)	濃尾地震	8.0	死者7,273人　家屋全壊142,177 家屋半壊80,184
明治27年 (1894)	庄内地方地震	7.3	死者726人　家屋全壊3,858 家屋半壊2,397　焼失2,148
明治29年 (1898)	三陸沖地震	7.6	死者27,122人　家屋流出、全半壊8,891 船の被害7,032
大正12年 (1923)	関東大震災	7.9	死者99,331人　行方不明43,476人 家屋全壊128,226　焼失447,128 火災被害大
大正14年 (1925)	北但馬地震	6.8	死者428人　家屋全壊1,259 焼失2,180
昭和2年 (1927)	北丹後地震 (京都府西部)	7.5	死者2,925人　家屋全壊12,584 焼失3,711
昭和5年 (1930)	北伊豆地震	7.0	死者272人　家屋全壊2,165
昭和8年 (1933)	三陸沖地震	8.3	死者3,008人　家屋流出4,917 倒壊2,346　浸水4,329 三陸沿岸で津波
昭和18年 (1943)	鳥取地震	7.4	死者1,083人 家屋全壊7,485
昭和19年 (1944)	東南海地震	8.0	死者998人　家屋全壊26,130 家屋流失3,059　津波発生
昭和20年 (1945)	三河地震	7.1	死者1,961人　家屋全壊5,539 非住居全壊9,187
昭和21年 (1946)	南海道地震	8.1	死者1,330人　行方不明102人 家屋全壊11,591　半壊23,487 家屋流失2,598　津波発生
昭和23年 (1948)	福井地震	7.3	死者3,895人　家屋倒壊35,420 家屋半壊11,449　家屋焼失3,691
昭和58年 (1983)	日本海中部地震	7.7	死者104人　家屋全壊934 家屋流失52　津波発生
平成7年 (1995)	阪神淡路大震災	7.2	死者6,500人　家屋全壊100,282 家屋半壊108,402　火災294

死者100名を超える地震について計上した

3. 中越・能登・中越沖の被害比較

	発生日時	直後の被害	全壊	半壊	一部破損	死者
新潟中越沖地震	平成 16 年 10 月 23 日	15 日後	(0.36%) 431	(0.82%) 987	9534	39 名
能登半島沖地震	平成 19 年 3 月 25 日	14 日後	(3.3%) 525	(4.9%) 774	6414	1 名
新潟中越沖地震	平成 19 年 7 月 16 日	3 日後	(2.4%) 944	(1.56%) 215	3235	10 名

4. 一定期間後の被害

	発生日時	直後の被害	全壊	半壊	一部破損	死者
新潟中越沖地震	平成 19 年 8 月 28 日	1039 日後	(2.6%) 3175	(11.4%) 13808	120837	68 名
能登半島沖地震	平成 19 年 6 月 14 日	81 日後	(4%) 638	(9.9%) 1563	15754	1 名
新潟中越沖地震	平成 19 年 8 月 27 日	42 日後	(2.8%) 1086	(9.6%) 3790	34469	11 名

5. 震度階と加速度

階級	説明
無感	人体に感じずに地震計に記録される程度
I.微震	座っている人や地震に注意した人だけ感じられる程度
II.軽震	大勢の人が感じる。建具類がわずかに動くのが分かる程度
III.弱震	家が揺れ、戸障子がガタガタと鳴動し、電灯のような吊り下げ物は相当にゆれ、器内の水が動くのが分かる程度
IV.中震	家の揺れが激しく、すわりの悪い花びんなどは倒れ、器内の水は溢れ出る。歩いている人にも感じられ、多くの人々が戸外へ飛び出す
V.強震	壁に割れ目が入り、墓石・石灯籠が倒れたり、煙突・石垣などの破壊もある
VI.烈震	家屋の倒壊が 30%以下で山崩れ、地割れが生じ、多くの人々は立っていることが出来なくなる
VII.激震	家屋の倒壊が 30%以上、山崩れ、地割れ、断層などを生じる

6. 被害の多かった事例

被害の多かった事例

1. 地盤に問題がある場所に建つ建物
2. 生物劣化の多い建物
3. 基礎に問題のある建物
   ・独立
   ・ブロック等による基礎
4. 基礎、劣化を含めた柱脚部の被害
5. 接合部の被害
   ・軸組接合部分の被害
   ・増築等の接合部の被害
6. 壁の少ない建物
   ・農家型、田の字型で南面に壁が無い大開口部型
   ・店舗などの正面に壁の無い建物
7. メンテナンス不足
   ・劣化部を取り替えるような工事が少ない
   ・リフォーム時に構造補強が行われていない

7. 木造の耐震設計の歩み

明治24年　濃尾地震（M8.0）		
↓		
大正 8年　市街地建物法が制定	——	日本で最初の建築法規
↓		・木造の構造基準、高さ制限が制定
↓		・筋かいは、3階建ての場合とされた
↓▼大正12年　関東大震災（M7.9）		
大正13年　同上の改正	——	耐震基準の導入
↓		・RC造等に地震力規定（水平震度1.0以上）
↓		・木造は柱を太くする
↓		・筋かいを入れる（但し、数量規定無し）
↓		
昭和25年　建築基準法令の制定	——	地震力に対する必要壁量（壁の長さ）が制定
↓（公庫仕様書）		軸組の種類と倍率（壁の強さ）は制定
↓		
昭和34年　同上の改正	——	耐火、簡易耐火建築物の規定制定
↓		木造の壁量の制定が強化
↓▼昭和43年　十勝沖地震（M7.4）		
昭和46年　同上の改正	——	RC造の柱のせん断補強が改正
↓		木造基礎はコンクリート造の布基礎とする
↓		
昭和49年　2×4工法の告示制定	——	2×4工法が導入
↓		
↓昭和53年　宮城県沖地震（M7.4）		
昭和56年 新耐震設計と建築基準法令の大改正	——	新耐震設計法の導入 地震力に対する必要壁倍率の改正
↓		軸組の種類と倍率の改正
↓		
昭和62年 大断面木造建築物の技術基準の制定	——	集成材による大断面構造 ログハウスの技術基準
↓		
平成4年　木造3階建共同住宅の基準	——	木造の準耐火建築物が創設
↓		木造3階建共同住宅の建設可
↓▼平成7年　阪神大震災（M7.2）		
↓　●現行の建築基準法に基づいて建てられた木造建物の被害は少なかった		
↓		
平成12年　住宅品質確保促進法	——	性能の規定化

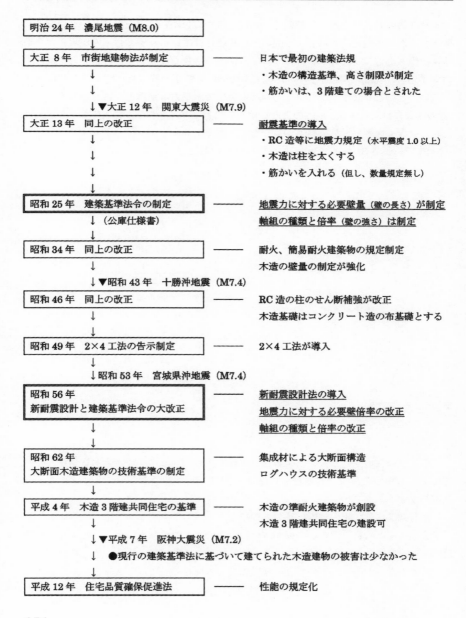

8. 柱の太さ木造建築の耐震性

木造建物の耐震性を考える時に「うちは、柱が太いから大丈夫だ」という話をよく聞きますが、木造建物の場合、地震力への抵抗は柱ではなく壁で行うのが現在の建築基準法の考え方です。確かに柱は太いほうが座りも良くなりますが、地震力とは水平力ですから、10cm の断面を持った柱でも 12cm の断面を持った柱でも、それほど差が無いことになります。それよりも横に広い壁で水平力（地震力）に対応します。

柱の太さに対する差は、地震のような横からの力より、上からの力（荷重）が加わった時に大きく影響し、柱の長さが長くなると弱くなります。

参考までに長さ 3.0m と 2.5m の桧柱の強度を比較してみます。

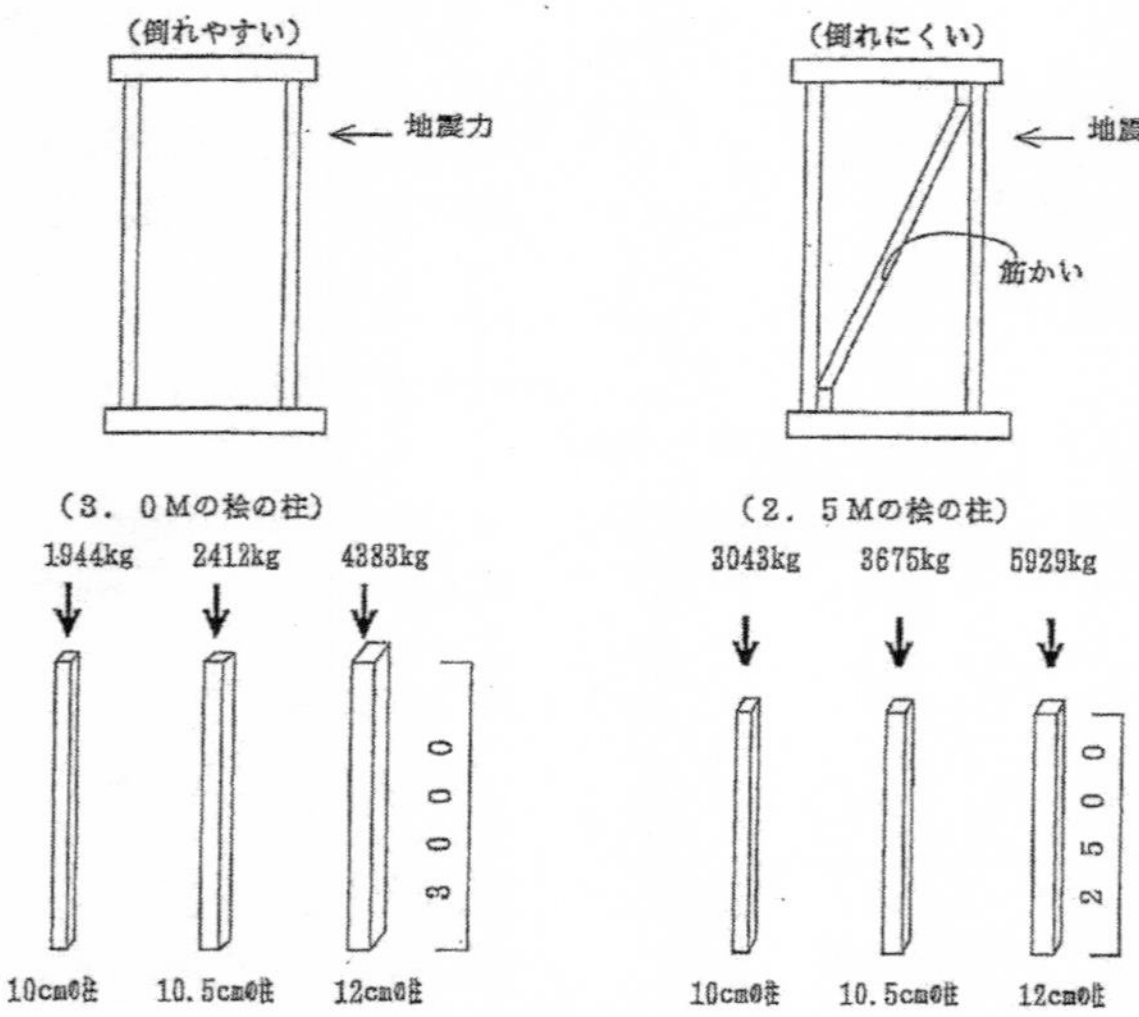

図５－２

このように柱の太さと長さによる強さの違いがわかります。通常の木造建物の設計でも上からかかる荷重（建物自体の重さ＋家具や人などの重さ）により柱の太さを選択します。

しかし地震に強い家の判断は柱の太さでなく、耐力壁をバランスよく配置することで決まります。特に外壁の耐力壁が有効になるので、この基準にそって、もう一度御自分の家を見てください。特に外壁の一面にまったく壁が無い場合は要注意になりますが、壁の部分が 1/4 以下の場合も地震に対する補強の必要性があります。

9. 釘の耐久力と強度

種類	記号	形状寸法 径×長さ（mm）	一面せん断	引抜耐力	
N釘	N19	（径）1.50×19	15kgf	7kgf	側材鋼板 1.25 倍 （せん断力 の場合）
	22	1.50×22	15	8	
	25	1.70×25	19	11	
	32	1.90×32	23	14	
	38	2.15×38	29	20	
	45	2.45×45	37	28	
	50	2.75×50	45	34	
	65	3.05×65	54	50	
	75	3.40×75	66	64	
	90	3.75×90	79	84	
	100	4.20×100	97	105	
	115	4.20×115	97	120	
	125	4.60×125	114	140	
	150	5.20×150	142	194	
太め釘	ＺN40	3.33×38.1	64	32	
	65	3.33×63.5	64	53	
	90	4.11×88.9	93	91	
ＣN釘	ＣN25	1.83×25.4	21	11	
	32	2.03×31.8	26	16	
	40	2.51×38.1	38	23	
	45	2.51×44.5	38	27	
	50	2.87×50.8	38	36	
	55	2.87×57.2	48	41	
	65	3.33×63.5	48	52	
	70	3.33×69.9	63	58	
	75	3.76×76.2	63	71	
	85	3.76×82.6	79	77	
	90	4.11×88.9	92	91	
	100	4.88×101.6	126	123	
	115	5.25×114.3	144	150	
	125	5.74×127.0	169	182	
	140	6.20×139.7	194	216	
	150	6.65×152.4	220	253	
NF 機械 打ち釘	50	2.45×50 2.1×50	36.7kg （81%） 27.7kg （62%）	30.6kg （90%） 26.2kg （77%）	

10. 接合部（1F、柱頭）接合状況

	柱脚部		柱頭部		TOTAL
1950(S25)年 以前	①ホゾ(短)差ノミ ②ホゾ(短)差し ｶｽｶﾞｲ１本留	6 2	①ホゾ(短)差ノミ	8	8
1951(S26)年～ 1959(S34)年	①ホゾ(短)差ノミ ②ホゾ(短)差し 一部ｶｽｶﾞｲ１本留	10 1	①ホゾ(短)差ノミ	11	11
1960(S35)年～ 1981(S56)年	①ホゾ(短)差ノミ ②ホゾ(短)差 ｶｽｶﾞｲ１本留	38 5	①ホゾ(短)差ノミ ②ホゾ(短)差 一部ｶｽｶﾞｲ１本保留	42 1	43
1982(S57)年～ 1994(H6)年	①ホゾ(短)差ノミ ②山形プレート 4-N75 ③ホゾ(短)差 一部釘打１本留	5 1 1	①ホゾ(短)差ノミ ②ホゾ(短)差 ｶｽｶﾞｲ１本留	5 1 1	7
1995(H7)年 以降	①山形プレート 4-N50 ②T 型金物 ③ホゾ(短)差 ｶｽｶﾞｲ１本留	1 1 1	①山形プレート 4-N50 ②T 型金物 ③ホゾ(短)差 ｶｽｶﾞｲ１本留	1 1 1	3
築年数不明	①ホゾ(短)差ノミ ②独立性	1 2	①ホゾ(短)差ノミ ②ホゾ(短)差 コメ栓	2 1	3
TOTAL	75		75		75

11. 土台とアンカーボルト

土台は木造の軸組に生じる力を基礎に伝える役割があり、アンカーボルトにより基礎と緊結し、建物に作用する地震力より建物を守ります。

アンカーボルトの位置は次のようにする。

① 筋かい構造用合板による耐力壁は、その両端の柱の下部にそれぞれ近接した位置に設ける。(柱より 20cm 以内の場所)

② 隅角部および土台切れの箇所、土台の継手および仕口箇所

③ その他は約 2.7m ごとの間隔とする（住宅金融公庫住宅・木造住宅工事共通仕様）尚、地盤が軟弱な場合は 2m ごとの間隔にしたい。

次に、土台の材料選択の方法は

(1) 耐久・強度・耐水性のある材料を選ぶ。

(2) 耐久性のある樹種や心材を選ぶ。または薬剤処理材

表5 - 10

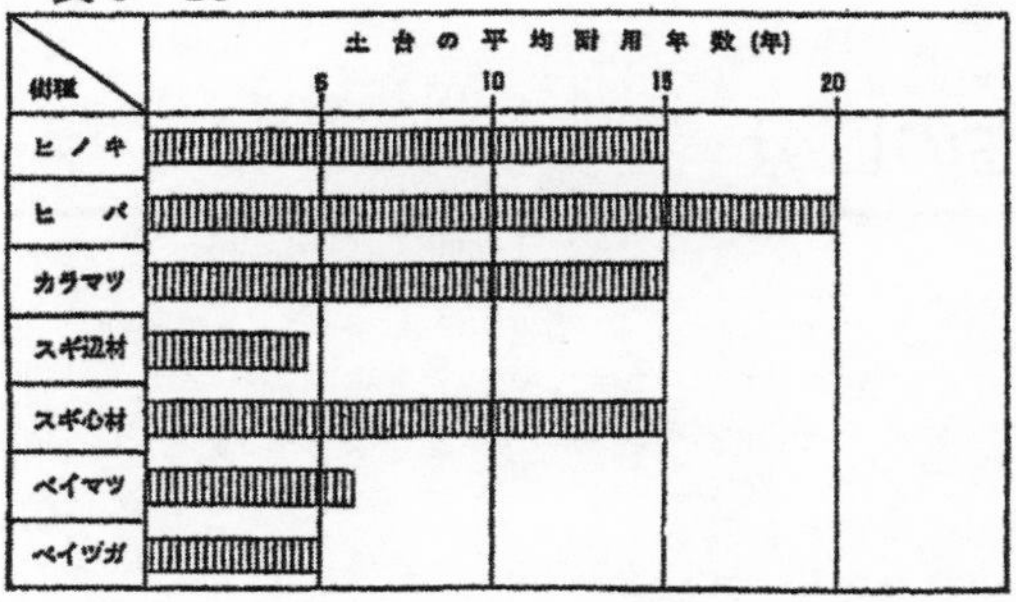

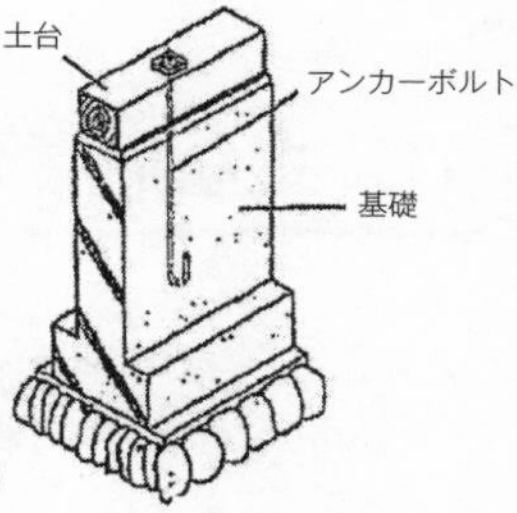

図5－3

［出典］十代田三郎：木材の耐久性
資料社 1949

この耐用年数からみてもヒバ材そして檜材などのような、耐久性の高い樹種を選ぶことが望ましい。

しかし、桧などの材質でも辺材を使用した場合には、防腐・防蟻の処理は必要となります。住宅金融公庫仕様には地盤面より 1m 以内の軸組木部とされています。特に水がかりとなる玄関、浴室は要注意で、タイル貼りなどによる浴室では、およそ20~30年で土台は腐朽しています。よって15年程度経過した木造住宅では調査を行い、腐朽した土台、柱の部分は取替え、洗い場部分の防水処理を行い、同時に壁面の構造用合板を張るなどの耐震補強を行うことをお勧めします。木造在来工法の建物は施工法をしっかり行えば50年以上もの経年変化に対応できます。

12. 主な樹脂の心材の耐朽性の区分

耐朽性	主な樹種名
極大	イピール、ギアム、チーク、ビチス、パラウ、コキクサイ
大	ヒノキ、サワラ、ヒバ、ネズコ、イチイ、カヤ、コウヤマキ、ケヤキ、クリ、ホウノキ、ベイヒ、ベイヒバ、ベイスギ、センペルセコイヤ、マホガニー
中	スギ、カラマツ、アスナロ、カツラ、クヌギ、ミグナラ、シラカシ、タブノキ、ベイマツ、ホワイトオーク、ライトレッドメランチ、イエローメランチ、カプール
小	アカマツ、クロマツ、モミ、ブナ、コナラ、アベマキ、ヤチダモ、アカガシ、ストロープマツ、ベイツガ、ヒッコリー、レッドラワン、アピトン
極小	ハリモミ、エゾマツ、トドマツ、イイギリ、クスノキ、シラカンバ、セン、シオジ、スプルース、ベイモミ、ラジアータマツ、アガチス、セルチス、ラミン

13. 主な樹脂の耐蟻性の区分

耐蟻性	主な樹種名（芯材）
大	ヒバ、コウヤマキ、イヌマキ、イスノキ、タブノキ、カヤ、ベニヒ、タイワンスギ、ローズウッド、シタン、チーク
中	ヒノキ、スギ、ベイヒ、クリ、クスノキ、カツラ、ケヤキ、トチノキ、アカガシ、レッドメランチ、ブラックウォールナット、シルバービーチ
小	熱帯産材を除くすべての辺材、モミ、エゾマツ、トドマツ、カラマツ、アカマツ、クロマツ、ラジアータマツ、ベイツガ、ベイスギ、センブナ

14. カビと住宅

カビは微生物の一種で真菌と呼ばれています。人間の生活との関わりも、酒、醤油、味噌、チーズなどに利用されていますが、カビは食品などの腐敗を生じ、感染症の原因にもなります。

微生物の分数では、

(1) ウイルス

(2) 細菌（バクテリア）

(3) 放線菌（主に家畜に伝染する菌）

(4) 真菌（カビ）

があげられますが、ここでは住宅と真菌について考えたいと思います。

カビは住宅のあらゆる部分に発生します。また人体にはカビが原因でかかる病気を「真菌症」と呼んでいます。

真菌症は主として食品から増殖します。内臓障害を生じる真菌中毒症と、気管支喘息、じんましん、鼻炎や結核炎、アトピー性皮膚炎、胃腸炎など、アレルギー疾患による真菌アレルギー症があります。

色、見た目	特徴	カビの菌名	主な生息場所
黒	黒く斑点状に増殖 市販の防カビ剤が効かない 呼吸器系アレルギーの原因菌（小児喘息の一番の原因）	クラドスポリウム	風呂・トイレの壁・タイル目地 塗装面や内装材のプラスチック・接着剤・ビニールクロス・モルタル・シーリング材など エアコン内部・加湿器内部
白・黄 緑・黒	まだらに色々な色に変化する コウジカビ・クロコウジカビも一種 呼吸器アレルギーの原因菌	アスペルギルス 亜種のフラバスは肝臓ガンを引き起こすカビ毒を生成する非常に危険な菌種	自然界に広く分布 食品や飼料、皮革製品など 畳・カーペット・家具類
スス状に黒く	気管支喘息の原因菌 過敏性肺臓炎の原因菌 多くの抗カビ剤が効かない 再発しやすい	アルテルナリア	塗装面やビニールクロス、内装材のプラスチック、接着剤 ホースやシャワーカーテン・風呂場のすのこなどによく繁殖 エアコンの内側のプラスチック面にもよく繁殖する
白・桃 黄緑・青	200 種類以上の亜種を持つ 青緑色の点が特徴 カビ毒を生成する	ペニシリウム	地球上のいたるところに発生 食品類・柑橘類・パン・餅などによく繁殖 押入れ・畳などにも繁殖する

15. 不快指数と除湿・加湿

蒸し暑さの指標として不快指数があります。

一般的に快適とされる湿度は40%〜60%です。冬に冷えた部屋を暖めると、相対湿度が20%〜30%まで下がりますから、加湿が必要になります。

夏に暑い外気を冷やすと相対湿度が上がりますので、除湿が必要になります。

夏のウイルスは別として、冬季は湿度を50%以上に保つことは、風邪の予防に有効といえます。

表５－11：不快指数

↑ ８６	不快でたまらない
８５ ｜ ８１	不快
８０ ｜ ７６	やや不快
７５ ｜ ６１	快適

16. 冷房時による開口部からの熱の流入割合

■夏の冷房時（昼）に開口部から熱が入る割合 73%

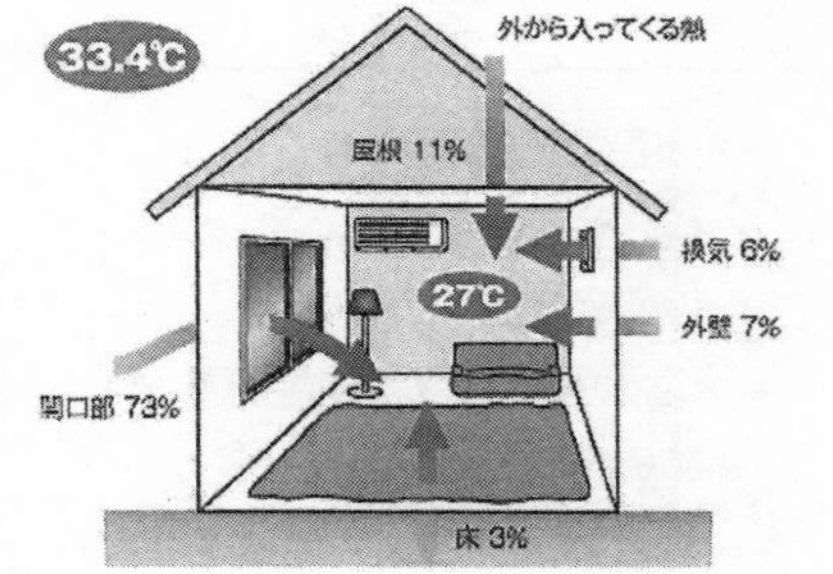

図５－４

■冬の暖房時の熱が開口部から流失する割合 58%

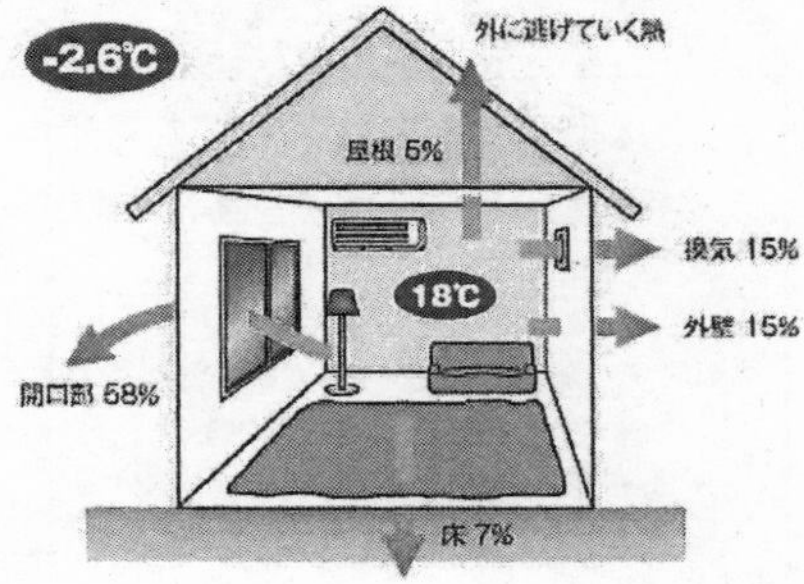

図５－５

［出典］（財）住宅・建築　省エネルギー機構の資料より

庇《ひさし》は外壁の耐久性を保護する役割がありますが、それ以外にも、左側の例からも、日射の遮蔽効果があることが分かります。しかし最近の木造住宅では、住宅の採光などにより庇が取れないケースが多くなっています。その場合に日射の遮蔽効果をあげる有効な方法を考える必要があります。

●ブラインドなし

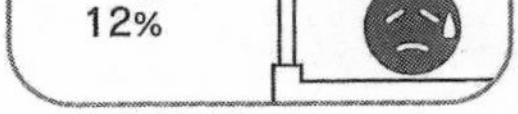

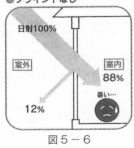

図５－６

●室内付けブラインド

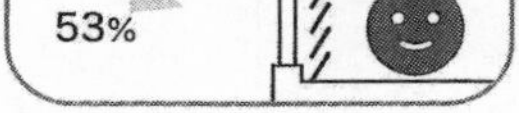

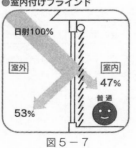

図５－７

●外付けブラインド

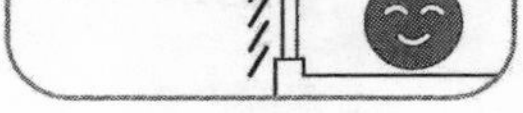

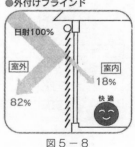

図５－８

注／ 3mm 透明板ガラス使用時の値
［出典］（財）住宅・建築　省エネルギー機構の資料より

17. 住宅ストックに関する国際比較

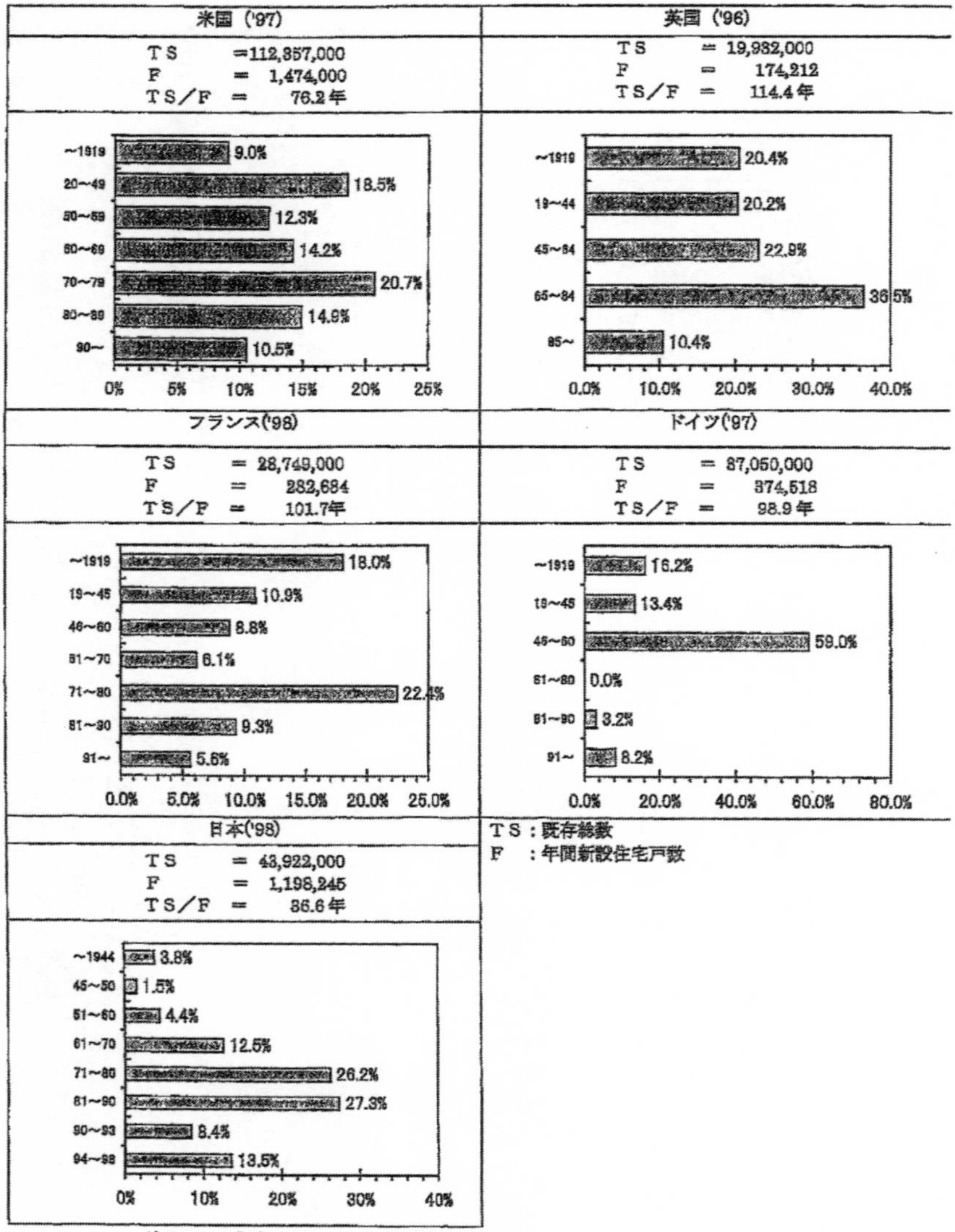

グラフ７　住宅ストックに関する国際比率

「海外住宅 DATA-NOW・14 2000」より作成

「海外住宅DATA・NOW・14 2000」より作成

あとがき

団塊の世代も70歳を超える時代が来てしまいました。建築家にかぎったことではないと思いますが、私自身が建築の業界で育てられ、生活してきたことから、建築業界の問題点を記します。

日本は世界に先駆け、少子高齢化を迎えています。今後、人口減少が続いてゆくと思われます。人口の減少は多くの問題を生じます。家庭環境も、教育関係も変化に翻弄されていることと思います。

建築業界も人手不足に悩まされ、特に現場で働く職人の不足は、年々厳しさをましてゆくでしょう。今まで、一時しのぎにごまかしてきたツケが回ってきています。

何かにつけ資格制度を作るものの、現場で働く技能者（職人）の育成には、目を向けてきませんでした。

最近、職人の人たちと会い、話を聞くたびに、歳の話になりますが、団塊の世代の職人が多く、皆70歳を超えてきています。

大工を例にとれば、年季奉公を5年、お礼奉公を1年し、職人の道を歩んできた職人の人たちの功績を行政はどれほど認識しているのでしょうか。

資格制度は、技術や技能をペーパーで評価してきました。しかも、今日の日本経済の礎となってきた団塊の世代の技能者（職人）は、すでに一線から離れつつあります。

現場での実務に携わる職人の社会貢献が認められず、次なる職人への技術の継承の機会が失われています。日本社会は、資格優先を進め、現場で多くの汗を流し、体を張って築いてきた職人の努力に報いてきたとは思えません。

この傾向は、残念ながら反省されることなく、今日も続いており、失われた人材、技術継承の機会を失った次の世代等、日本社会が失ったものはたいへん大きいと思います。最早取り返しがつきません。しかし、将来の日本のために諦めるわけにはゆきません。今後の取り組みを考えてゆかなければならないのではないでしょうか。

戦後、日本の高度経済成長の一角に住宅建築があります。木造住宅を流動資産化し、いつしか30年耐用年数説のようなものができあがり、スクラップ&ビルドを繰り返してきました。その一方では木造住宅を規格化し、量産化を図ってきました。その結果、営業が重視され、技術、技能の低下を招いてしまいました。それだけでなく地球温暖化、環境汚染を抱えている現在、産業廃棄物は日本のみならず、グローバルの問題となっています。

現在、日本における住宅着工戸数は10年ほど前が１１０~１２０万戸、最近では90万戸です。しかし、少子高齢化時代を迎えた今日、住宅着工戸数にこだわる経済政策には疑問を感じざるを得ません。その結果日本の歴史が踏みにじられ、多くの歴史遺産も失ってきました。

しかし、失ったのはそれだけではありません。技術、技能の遺産も失っています。

技術継承の機会が失われ、規格化された木造住宅がローコストの名の元に、実際には別途工事に振り替えたに過ぎず、追加工事として後から請求しているケースが多いのです。そのためか、技術という目に見えない部分が打ち消されてきました。結果、木造の技術者は育成されず、技能者（職人）の技術も認められない木造住宅の現状となってしまいました。これは規格住宅の名の元に技術低下とコストの問題のツケを将来に残したに過ぎません。なぜならば、木造住宅もプレカット（機械加工）化され、墨付け加工などのできる大工は少なくなってきています。今後、中古住宅の増改築工事を行う時に、墨付け加工の出来ない職人が、どうして現場状況に合わせ、構造補強、増築・改修工事等が出来るでしょうか。

規格住宅がいけないと言っているのではなく、平衡するべきであると思っているのです。技能継承してきた年代は、年季奉公により技能を修得した職人が大半です。しかし、封建的だという名の下に、技術継承の機会が歴史と共に捨てさられてきました。現在、いわゆる団塊の世代が、最後の年代層になっていると思いますが、この世代も70歳を越え、残された時間はありません。

しかし、この技術の継承がなければ、今後の木造住宅の再生、中古住宅の活性化を図るのは困難だと思います。

現在、同業の一部の人々が古民家化再生に取り組んでいます。

また木質構造の学者、研究者もいますが、技術・研究の継承は難しくなっています。数十年間研究されてきた技術が埋没されようとしているのです。

これは建築の業界だけの問題ではないと思います。医学の分野においても、私の恩師である呼吸気管支の医師が生涯かけて、実験、研究し、積み上げてきた資料・論文がスムーズに継承されず、研究結果が埃を被ってしまっている、と聞くたびに残念でなりません。

しかし、これらのしわ寄せは、次の世代が受け継がなければなりません。

歴史から学ばなければ、技能も技術も廃れてしまいます。

日本も高度経済成長の時代、大量生産・大量消費をし、地球環境をも犯してしまっています。

残された時間はありません。現在、技術の継承を如何に行うかが問われているのです。既存の木造住宅を、30年経ったからと建て替えるのではなく、まず修理することを考えようと強く提言したいと思います。そして、これが〝構造リフォーム〟の理念なのです。

2020年8月吉日

保坂 貴司

保坂貴司（ほさか・たかし）

1948年東京生まれ。工学院大学専修学校卒業。(株)匠建築 代表取締役。

一般社団法人耐震研究会代表理事。

主な著書に、『釘が危ない』（エクスナレッジ・建築知識）、『強い家づくり』（暮しの手帖社）『耐震診断』（日経BP社）、『改訂版強い家づくり』（既存建物耐震補強研究会）、『木造耐震診断』（エクスナレッジ）、『自分で耐震診断できる本』（LLPブックエンド）、『耐震診断 改訂版』（日経BP社）、『住宅耐震リフォーム決定版』（建築知識）など。

他に、TV出演、講演、講義など多数。

災害に負けない家を造ろう
——構造リフォームのすすめ

2020年10月10日 初版第1刷印刷
2020年10月20日 初版第1刷発行

著　者　保坂　貴司
発行者　森下　紀夫
発行所　論　創　社
東京都千代田区神田神保町2-23　北井ビル
tel 03(3264)5254　fax. 03(3264)5232　web.http://www.ronso.co.jp/
振替口座　00160-1-155266

図書設計／吉原順一
印刷・製本／中央精版印刷
編集／北村正之

ISBN 978-4-8460-1989-1 C2052　